Bestandsmanagement und -controlling

Optimierungsstrategien mit Beispielen aus der Praxis

Horst Hartmann

Bestandsmanagement und -controlling

Optimierungsstrategien mit Beispielen aus der Praxis

Band 8
Praxisreihe Einkauf/Materialwirtschaft

Herausgegeben von
Prof. Dr. Horst Hartmann

3. erweiterte Auflage

Deutscher Betriebswirte-Verlag GmbH, Gernsbach

Bibliografische Informationen der Deutschen Bibliothek

Die Deutsche Bibliothek verzeichnet diese Publikation in der Deutschen Nationalbibliografie; detaillierte bibliografische Daten sind im Internet unter http://www.ddb.de abrufbar.

© 3. erweiterte Auflage, Deutscher Betriebswirte-Verlag GmbH, Gernsbach 2017
Druck: CBS - Canon Business Service, Erfurt
ISBN: 978-3-88640-207-6

Inhaltsverzeichnis

Verzeichnis der Abbildungen	7
Verzeichnis der Tabellen	8
Verzeichnis der Beispiele	9
Verzeichnis der Abkürzungen	9
Vorwort	11

Erster Abschnitt

Bestandsursachen und ihre Bewältigung 14

1.	Optimiertes Bestandsmanagement als unternehmerische Herausforderung	14
1.1.	Das Problem der Bestandsoptimierung	14
1.2.	Bestandsziele im Spannungsfeld unterschiedlicher Bereichsinteressen	15
1.3.	Bestandsoptimierung als „lohnende" Zielgröße	15
1.4.	Kennzahlenorientierte Steuerung des Working Capitals – Working Capital Management	25
2.	Die Problematik bestandstreibender Einflussfaktoren	30
3.	Versorgungssicherheit – ein kritischer Erfolgsfaktor	32
4.	Voraussetzungen für erfolgreiches Bestandsmanagement	37
4.1.	Koordinierte Bestandsverantwortung ein Muss	37
4.2.	Zusammenarbeit mit Lieferanten	41
4.3.	Wahrnehmung von Controllingaufgaben im Bestandsmanagement	47
4.4.	Einsatz zeitgemäßer Informations- und Kommunikationstechnologien ist ein Muss	48
5.	Fallstudie zum ergebnisorientierten Bestandsmanagement	53

Zweiter Abschnitt

Bestandsanalyse und -planung der Bestände als Voraussetzung zielorientierter Bestandsoptimierung 55

1.	ABC- und XYZ-Analyse als Instrumente zur Strukturierung der Bestände	57
1.1.	Die Vorteile der ABC-Analyse zur Strukturierung des Materialspektrums sind unverkennbar	57
1.2.	Die XYZ-Analyse als Folgeanalyse zur Klassifizierung der Materialien nach ihrer Verbrauchsstruktur	60
1.3.	Kombinierte ABC-XYZ-Analyse als Optimierungskonzept	62

1.4.	Die Reichweitenanalyse als Mittel zur differenzierten Bestandssteuerung	63
1.5.	Die Altersstrukturanalyse	65
1.6.	Analyse der Varianten- und Teilevielfalt	65
2.	Planung der Bestände	67
2.1.	Schwachstellenanalyse	68
2.2.	Planung von Verbesserungsmöglichkeiten	69
3.	Instrumentarien der Schwachstellenanalyse (Checklisten)	69
3.1.	Fragenkomplex „Vertrieb"	70
3.2.	Fragenkomplex „Disposition und Fertigungssteuerung"	71
3.3.	Fragenkomplex „Einkauf"	73
3.4.	Fragenkomplex „Lager und Materialfluss"	76
3.5.	Fragenkomplex „Entwicklung und Konstruktion"	77
4.	Fallstudie zum potenzialorientierten Bestandsmanagement	79

Dritter Abschnitt

	Lieferantengesteuerte und dispositive Bestandsoptimierung	84
1.	Lieferantengesteuerte Bestandsoptimierung als Zielgröße	84
1.1.	Vendor Managed Inventory als kooperatives Kunden-Lieferantenkonzept	84
1.2.	Das Konsignationslager als Variante der Lagerstrategie	87
2.	Dispositive Maßnahmen zur Bestandsoptimierung	90
2.1.	Aufgaben, Kompetenz und Verantwortung der Disposition	90
2.2.	Optimierung der Prognosequalität: Verfahren der stochastischen Bedarfsermittlung	95
2.2.1.	Prognosemodelle: Verbrauchsverläufe und Modellauswahl	97
2.2.2.	Verfahren der exponentiellen Glättung: „Aus den Prognosefehlern lernen"	100
2.3.	Programm- oder verbrauchsgesteuerte Disposition?	106
2.3.1.	Optimierung der Bestellpunktdisposition	107
2.3.2.	Bestellrhythmusverfahren / Rhythmische Disposition	109
2.4.	Verfahren der Losgrößenrechnung	110
2.4.1.	Statische und periodische Verfahren der Losgrößenrechnung	111
2.4.2.	Optimierende Verfahren der Losgrößenrechnung	112
2.4.2.1.	Das Kostenausgleichsverfahren	115
2.4.2.2.	Verfahren der gleitenden wirtschaftlichen Losgröße	116

2.4.2.3.	Dynamische Planungsrechnung	117
2.4.2.4.	Losgrößenverfahren nach Groff	117
2.5.	Berechnung des dynamischen Sicherheitsbestandes in Abhängigkeit vom Servicegrad	119
2.6.	Fallstudie: Berechnung der optimalen Losgröße auf Basis des Stück-Perioden-Ausgleichsverfahrens (Praxisbeispiel)	123

Vierter Abschnitt

Kennzahlen zum Bestandscontrolling und zur Messung der Supply Chain-Performance		127
1.	Kennzahlen der Materialdisposition	127
2.	Kennzahlen für die Steuerung der Lieferbereitschaft	127
3.	Kennzahlen zur Überwachung der Bestände	128
4.	Überwachung der Lagerbestände bzw. -kapazität	132
4.1.	Überwachung der Lagerbestände	132
4.2.	Überwachung der Lagerkapazität	134
5.	Kennzahlen zur Messung der Supply Chain-Performace	135

Literaturverzeichnis	140
Stichwortverzeichnis	141

Verzeichnis der Abbildungen

Abbildung 1:	Vermögens- und Bestandsstruktur eines typischen Industriebetriebes	18
Abbildung 2:	Verbesserung der Kapitalrentabilität (RoI) durch gezielten Lagerbestandsabbau	21
Abbildung 3:	Schema einer Wertzuwachskurve	22
Abbildung 4:	Lagerbestände verdecken Probleme und Störquellen	24
Abbildung 5:	Ursachen hoher Bestände	31
Abbildung 6:	Checkliste zur Beurteilung der Versorgungssicherheit	35
Abbildung 7:	Konfliktäre bereichsspezifische Zielsetzungen im Überblick	38
Abbildung 8:	Organisationsmodell „Einkauf und Logistik"	39
Abbildung 9:	Unternehmensübergreifende Logistik (schematische Darstellung)	41
Abbildung 10:	Rechtzeitige und verlässliche Informationen sind für den Lieferanten von Vorteil	42
Abbildung 11:	Lieferantenpyramide	46

Abbildung 12:	Ursachen erhöhten Koordinationsaufwandes	51
Abbildung 13:	Bestandssenkungsappelle – ein vergeblicher Kampf	56
Abbildung 14:	Typisches Ergebnis einer ABC-Analyse	57
Abbildung 15:	ABC-Verteilungskurve (Lorenzkurve)	58
Abbildung 16:	Die Variantenvielfalt reduzieren und beherrschen	66
Abbildung 17:	Von der Disposition zur Beschaffungslogistik	93
Abbildung 18:	Erfolgsfaktoren der Disposition: Fach- und Methodenkompetenz des Disponenten sind gefordert	95
Abbildung 19:	Verfahren der Bedarfsermittlung	97
Abbildung 20:	Verbrauchsverläufe, in Anlehnung an: Zahn / Schmid, Produktionswirtschaft	98
Abbildung 21:	Der Einfluss des Glättungsfaktors Alpha auf die Gewichtung der Vergangenheitswerte	104
Abbildung 22:	Zusammenstellung der Dispositionsverfahren	107
Abbildung 23:	Vorgehensweise bei der Rückwärtsterminierung	119
Abbildung 24:	Exponentiell verlaufender Anstieg der Lagerhaltungskosten / Kapitalbindungskosten	122
Abbildung 25:	Berechnungsbeispiel Stück-Perioden-Ausgleichsverfahren	125

Verzeichnis der Tabellen

Tabelle 1:	Höhe der Bestände insgesamt, gemessen an der Bilanzsumme in ausgewählten Branchen	16
Tabelle 2:	Höhe der Bestände an Roh-, Hilfs- und Betriebsstoffen in ausgewählten Branchen	17
Tabelle 3:	Kosten der Vorratshaltung	20
Tabelle 4:	Mögliche Parameter für die XYZ-Analyse	61
Tabelle 5:	Zuordnung Bedarfsverlauf – Prognosemodell	100
Tabelle 6:	Exponentielle Glättung 1. Ordnung und Ermittlung der Gesamtvorhersage bei einer festgelegten Lieferbereitschaft	103
Tabelle 7:	Verbrauchsstatistik	109
Tabelle 8:	Ermittlung der optimalen Bestellmenge bei verschiedenen Verfahren der optimierenden Losgröße	114
Tabelle 9:	Ermittlung der optimalen Bestellmenge nach dem Groff'schen Losgrößenverfahren	118
Tabelle 10:	Sicherheitsfaktoren für unterschiedliche Servicegrade bei normalverteilten Vergangenheitswerten	121

Verzeichnis der Beispiele

Beispiel 1:	Einfluss des Lagerbestandsabbaus auf den RoI (Return on Investment)	21
Beispiel 2:	Aufstellung und Interpretation einer Wertzuwachskurve	23
Beispiel 3:	Berechnung des Working Capital	28
Beispiel 4:	Lieferantengesteuertes Bestandsmanagement (VMI) in der Praxis	85
Beispiel 5:	Ermittlung der Gesamtvorhersage auf der Basis der exponentiellen Glättung 1. Ordnung (Rechenbeispiel)	102
Beispiel 6:	Maschinelle Bestellpunktdisposition (Praxisbeispiel)	108
Beispiel 7:	Vorgehensweise im Rahmen der dynamischen Losgrößenoptimierungsrechnung	113
Beispiel 8:	Bestellmengenrechnung nach dem Stück-Perioden-Ausgleichsverfahren	124
Beispiel 9:	Differenzierte Ermittlung der Umschlagshäufigkeit (Praxisbeispiel)	130
Beispiel 10:	Berechnung der Lagerreichweite	131
Beispiel 11:	Ganzheitliches Monitoring der Lieferkette zur Messung der Performance (Praxisbeispiel)	136

Verzeichnis der Abkürzungen

BP	Bestellpunkt
BSI	Sicherheitsbestand
EDI	Electronic Data Interchange
ERP	Enterprise Resource Planning
E-SRM	Elektronisches Supplier Relationship Management
HGB	Handelsgesetzbuch
JiS	Just in Sequenz
JiT	Just in Time
LHS	Lagerhaltungskostensatz
MAA	Mittlere Absolute Abweichung
MAD	Medium Absolut Diviation
QF	Quantifizierungsfaktor
QM	Qualitätsmanagement
RoI	Return on Investment
SB	Sicherheitsbestand

SCM	Supply Chain Management
SF	Sicherheitsfaktor
SLHK	Spezifische Lagerhaltungskosten
SMI	Supplier Managed Inventory
SRM	Supplier Relationship Management
TEIST	Ist-Eindeckungstermin
VMI	Vendor Managed Inventory
WCM	Working Capital Management
WBZ	Wiederbeschaffungszeit

Vorwort zur ersten Auflage

Angesichts der vom Markt geforderten Produktzyklen gewinnt das Bestandsmanagement zunehmend an Bedeutung. Denn die notwendige unternehmenspolitische Ausrichtung auf die Belange der Kunden wirft zu Recht die Frage auf, ob die klassische Funktion der Materialdisposition (Versorgung des eigenen Unternehmens) und der Vertriebsdisposition (vereinbarungsgemäße Belieferung der Kunden) noch ausreicht.

Die gesamte logistische Kette vom Lieferanten bis zum Kunden ist bei Einführung eines erfolgversprechenden Bestandsmanagement zu betrachten. Darüber hinaus erreichen Unternehmen mit verbessertem Bestandsmanagement Kosten-, Flexibilitäts- und Zyklusvorteile.

Eine entscheidende Voraussetzung, Vorräte nicht nur im Lager oder in der Fertigung, sondern ganzheitlich zu optimieren, besteht in der Durchführung umfassender organisatorischer Veränderungen. Doch nur selten wird erkannt, dass Bestandsprobleme nicht nur aus der Sicht einzelner Bereiche behandelt werden dürfen. Der Denkanstoß einer Logistik als Querschnittsfunktion führt zwangsläufig zu einem Zurückdrängen der Sonderinteressen der Teilbereiche und zu einer durchgängigen, funktionsübergreifenden Bestandsverantwortung.

Dieses Buch will die Erkenntnis fördern, dass Bestandsmanagement und -controlling als eine den Material- und Informationsfluss begleitende Querschnittsfunktion und nicht als eine isolierte Aufgabenstellung für Mitarbeiter in der Beschaffung, in der Fertigung oder im Vertrieb anzusehen ist. Das Wissen um die finanzwirtschaftliche und betriebswirtschaftliche Bedeutung der Bestände und um die Vielfalt möglicher Einflussfaktoren auf die Bestandshöhe sollte hinreichend Anlass geben, die Ist-Organisation zu überdenken.

Neben der notwendigen logistischen Effizienz bedarf es auf der Grundlage einer systematisch durchgeführten Schwachstellenanalyse geeigneter Strategien und Maßnahmen, um Bestandssenkungserfolge auf Dauer zu erzielen. Dabei gilt es, den alten Grundsatz wieder ernst zu nehmen: Man muss nicht nur die Dinge richtig machen, sondern die richtigen Dinge machen.

Die Darstellung der Analysemethoden sowie die in diesem Buch aufgenommenen Praxisbeispiele und Checklisten sollen dem aufmerksamen Leser bei der Umsetzung dieser Erkenntnis Unterstützung bieten. Die Praxisbeispiele sind zugleich ein Beweis dafür, dass Einsparungspotenziale im Bestandsbereich bei systematischer Vorgehensweise und dem selektiven Einsatz von Optimierungsstrategien beispielsweise der Bedarfsdeckung nach dem Kanban-Prinzip erschlossen werden können.

Das Buch wendet sich in erster Linie an die Praktiker, die durch ihre Aufgabenstellung Einfluss auf die Bestandshöhe nehmen. Aufgrund der anwendungsorientierten Konzeption erscheint es aber auch für Studenten in besonderem Maße zur Ausweitung oder Vertiefung des materialwirtschaftlichen und logistischen Lehrstoffes geeignet.

Um die Anwendungsorientierung des Buches zu unterstreichen, sind einige Schlüsselbeispiele aus der Praxis in den Kontext aufgenommen worden. Für die damit verbundene Unterstützung bedanke ich mich bei allen Beteiligten.

Horst Hartmann
Überlingen, Frühjahr 1999

Vorwort zur zweiten Auflage

Effektives Bestandsmanagement ist eine Möglichkeit, die Kapitalrentabilität zu erhöhen und zusätzlich interne Liquidität freizusetzen. In vielen Unternehmen stößt man auf deutlich unterschätzte Cash-Potenziale. Welche Rolle spielen hierbei der Einkauf und die Logistik? Auf der Suche nach Potenzialen zur Bestandsoptimierung sind Einkauf und Lieferanten in der Zusammenarbeit entscheidende Partner, während die Logistik durch planende, steuernde und dispositive Maßnahmen die Sicherstellung der Versorgung nicht „um jeden Preis" gewährleistet.

Effektives Bestandsmanagement ist auch gekennzeichnet durch funktions- und unternehmensübergreifendes Denken und Handeln, durch Erfassung und Analyse der bestandstreibenden Verursacher, durch methodische und systematische Vorgehensweise sowie ein zielführendes Bestandscontrolling.

Das nunmehr in zweiter Auflage erscheinende Fachbuch folgt der Erkenntnis, dass erfolgreiches Bestandsmanagement nicht nur eine Frage der Dispositionsqualität ist. Die zahllosen – zum Teil neu aufgenommenen – Praxisbeispiele sowie drei erstmalig erscheinende Fallstudien, sind dafür ebenso ein Beweis wie auch die Ausführungen zu den zeitgemäßen Aufgaben des Strategischen Einkaufs, der Logistik und der Disposition.

Insgesamt ist das Buch für den aufmerksamen Leser zugleich Fundgrube und Wegweiser für effektives Bestandsmanagement unabhängig von der eigenen beruflichen Funktion oder von dem Ausbildungsstand.

Horst Hartmann
Im Sommer 2011

Vorwort zur dritten Auflage

Bestände binden Kapital, beeinflussen die Liquidität und verursachen Kosten. Die Verringerung der Bestände kann daher viel unternehmerischen Spielraum schaffen, ohne dass dabei die Materialverfügbarkeit gefährdet werden sollte. Denn mit der Globalisierung der Märkte und der zunehmenden Kunden-Lieferantenvernetzung sind auch die Versorgungsrisiken gewachsen. Gezieltes Controlling der Supply Chain ist daher als Kernaufgabe eines nachhaltigen Bestandsmanagement anzusehen.

Wenn man sich um Bestände nicht kümmert, entwickeln diese eine Art Eigendynamik und wachsen. Dafür gibt es viele Gründe. Auf diese wird in der vorliegenden dritten Auflage von Band 8 der Praxisreihe „Einkauf und Materialwirtschaft" ebenso eingegangen wie auf zeitgemäße Optimierungsansätze. Dabei stellt sich die Umsetzung eines funktions- und unternehmensübergreifenden Supply Chain Management als besonders problematisch heraus.

In die vorliegende dritte Auflage wurde der Themenbereich „lieferantengesteuertes Bestandsmanagement" neu aufgenommen und durch Beispiele aus der Praxis zum „lieferantengesteuerten Bestandsmanagement (VMI)" und zum „Konsignationslagervertrag" nachvollziehbar dargestellt. Auch auf die Möglichkeiten zur Messung der Performance einer Supply Chain wurde anhand eines Praxisbeispiels eingegangen.

Das Buch wendet sich vor allem an Fachkräfte in den Bereichen Einkauf / Logistik sowie an Studierende mit dem Schwerpunkt Logistik. Ich hoffe, dass für jeden aufmerksamen Leser „etwas dabei ist". Für Verbesserungsvorschläge und weitere Anregungen bin ich jederzeit sehr dankbar!

Horst Hartmann
Im Frühjahr 2017

# Erster Abschnitt

Bestandsursachen und ihre Bewältigung

1. Optimiertes Bestandsmanagement als unternehmerische Herausforderung

1.1. Das Problem der Bestandsoptimierung

Mit der Globalisierung des wirtschaftlichen Umfelds bei unverändertem starkem Kosten- und Wettbewerbsdruck ist die Entscheidungssituation im Einkauf und in der Beschaffungslogistik sehr viel komplexer geworden. Die Erzielung günstiger Preise steht häufig im Widerspruch zur optimalen Materialverfügbarkeit. Kosteneinsparungen auf der einen Seite können durch kostentreibende Maßnahmen auf der anderen Seite buchstäblich wieder aufgezehrt werden. Es muss als zentrale Herausforderung eines modernen Bestandsmanagement angesehen werden, schwankende Marktbedarfe effizient und zuverlässig durch eine schlanke Planung und Steuerung aller Wertschöpfungsprozesse zu decken. Die hohe Kunst ist es nach wie vor, die optimale Balance zwischen

- Bestandsminimierung,
- stabiler Lieferfähigkeit und
- absoluter Zuverlässigkeit

zu finden.[1]

---

1) Siehe auch Braun, Anja Tatjana, Disposition allein genügt nicht, in: Beschaffung Aktuell, Nr. 5, Leinfelden 2013, S. 22 f.

1.2. Bestandsziele im Spannungsfeld unterschiedlicher Bereichsinteressen

Die ergebnisbeeinflussende Bedeutung eines gezielten Bestandsmanagements wird vor allem in mittelständischen Unternehmen stark unterschätzt.[2] Die Reduzierung der Kapitalbindungskosten, die Verbesserung der Liquiditätssituation sowie die Verringerung des Versorgungsrisikos sind aus unternehmenspolitischer Sicht entscheidende mit dem Bestandsmanagement verknüpfte Aspekte. Dabei variiert das Verständnis des optimalen Bestandsniveaus in den Unternehmensbereichen. So konkurriert das Ziel des Vertriebs, Kundenwünsche schnell und individuell zu erfüllen, mit dem Ziel der Geschäftsleitung, die Kapitalbindungskosten bzw. Bestandskosten zu reduzieren.[3]

1.3. Bestandsoptimierung als „lohnende" Zielgröße

Erscheint vor diesem Hintergrund eine Optimierung der Bestände aus unternehmerischer Sicht als „lohnenswerte" Zielgröße?

Auf diese provokante Fragestellung gibt die amtliche Statistik eine eindeutige Antwort. So ist aus Tabelle 1 zu erkennen, dass die Vorräte an Roh-, Hilfs- und Betriebsstoffen sowie Halbfabrikaten, Fertigerzeugnissen und Handelswaren in der verarbeitenden Industrie relativ hoch sind. Im Durchschnitt liegen diese, gemessen an der Bilanzsumme, bei über 17 %, d. h. fast jeder sechste Euro steckt als „totes" Kapital in den Beständen und steht damit für Investitionen in produktive Vermögenswerte wie Maschinen und Werkzeuge sowie für Forschung und Entwicklung nicht zur Verfügung. Dabei ist die Streubreite zwischen den Branchen relativ groß. Es scheint sich also zu „lohnen", sich mit dem Problem der Bestandsoptimierung auseinanderzusetzen.

---

[2] Zu diesem Ergebnis kam eine im Auftrag des Fraunhofer-Instituts durchgeführte Studie. Dabei befragte man 47 mittelständische Unternehmen zu ihrem Bestandsmanagement. Darüber hinaus führten die Berater Interviews mit 20 Geschäftsführern sowie Logistik- und Controllingleitern in Industrie und Handel durch. – Siehe o. V., Großes Optimierungspotenzial, in: Beschaffung Aktuell, Nr. 4, Leinfelden 2013, S. 6.

[3] Im Allgemeinen zielt der Begriff „Kapitalbindungskosten" ausschließlich auf den durch die Bestände verursachten Zinsaufwand ab und berücksichtigt nicht die gleichfalls verursachten kalkulatorischen Kosten für die Bestandewagnisse. Mit dem Begriff „Bestandskosten" wird auch dieser Kostentreiber erfasst.

Branche	Vorräte in % der Bilanzsumme (Vorratsintensität)
	2012
Verarbeitendes Gewerbe Insgesamt	17,0
Herstellung von chemischen Erzeugnissen	9,8
Herstellung von Gummi- und Kunststoffwaren	21,2
Herstellung von Metallerzeugnissen	24,8
Maschinenbau	32,8
Herstellung von Kraftwagen und Kraftwagenteilen	7,7

Tabelle 1: Höhe der Bestände insgesamt, gemessen an der Bilanzsumme in ausgewählten Branchen[4]

Obwohl ein integriertes Bestandsmanagement weitaus mehr als eine funktionierende Beschaffungsdisposition – Einkauf und Disposition – umfasst, lässt die amtliche Statistik die Schlussfolgerung zu, dass insbesondere im Vorratslager noch ein erhebliches Optimierungspotenzial vorhanden sein sollte. Tabelle 2 verdeutlicht, dass die Bestände an Roh-, Hilfs- und Betriebsstoffen den weitaus größten „Bestandsbrocken" darstellen. Nachfolgend sollen daher charakteristische Maßnahmen zum optimalen Bestandsmanagement in Einkauf und Disposition als wegweisende Orientierungshilfen skizziert bzw. erläutert werden.

---

[4] Deutsche Bundesbank Eurosystem: „Verhältniszahlen aus Jahresabschlüssen deutscher Unternehmen von 2011 bis 2012", Frankfurt am Main, Mai 2015.

Branche	Vorräte RHB, unfertige Erzeugnisse in %	
	der Bilanzsumme (Vorratsintensität)	des Umsatzes (Vorratsintensität)
	2012	
Verarbeitendes Gewerbe Insgesamt	10,9	14,8
Herstellung von chemischen Erzeugnissen	4,0	12,2
Herstellung von Gummi- und Kunststoffwaren	12,4	14,0
Herstellung von Metallerzeugnissen	19,0	16,7
Maschinenbau	27,7	27,8
Herstellung von Kraftwagen und Kraftwagenteilen	3,5	3,0

Tabelle 2: Höhe der Bestände an Roh-, Hilfs- und Betriebsstoffen in ausgewählten Branchen[5)]

---

5) Deutsche Bundesbank Eurosystem: „Verhältniszahlen aus Jahresabschlüssen deutscher Unternehmen von 2011 bis 2012", Frankfurt am Main, Mai 2015.

Die Vermögens- und Bestandsstruktur eines typischen metallverarbeitenden Industriebetriebes spiegelt Abbildung 1 wider.

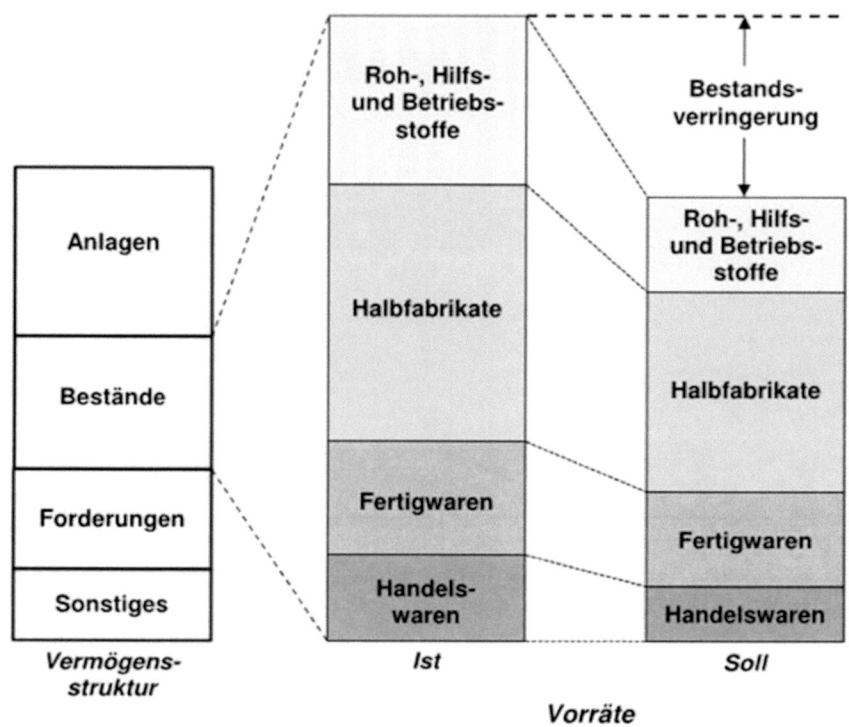

Abbildung 1: Vermögens- und Bestandsstruktur eines typischen Industriebetriebes

Welche Schlussfolgerungen sind aus diesen Zahlen zu ziehen?

Früher neigte man dazu, aus hohen Vorräten auf eine sichere Zukunft des Unternehmens zu schließen. Diese Schlussfolgerung ist in der heutigen Zeit nicht mehr haltbar. Geschäftsführungen sind sich unter dem Druck steigender Kosten immer stärker bewusst geworden, dass

- zu hohe Bestände das Unternehmensergebnis schmälern, den Finanzmittelüberschuss (Cash-Flow) verringern und die Liquidität verschlechtern.

Die Lagerbestände binden Kapital, das in der Regel fremdfinanziert ist und aus kurzfristigen Finanzierungsquellen stammt. Es muss verzinst werden und steht für zukunftsweisende Investitionen in Forschung, Entwicklung und in produktive Fertigungsanlagen nicht mehr zur Verfügung.

Die Kostenbelastung aus der Bestandsführung entsteht durch das in den Vorräten gebundene Kapital, die Beanspruchung von Lagerraum, Transport- und automatischen Fördermitteln, Personal, Arbeitsmitteln und durch sonstigen mit der Vorratshaltung verbundenen Werteverzehr. Darüber hinaus sind Vorräte angesichts der Schnelligkeit der Marktänderungen und der kurzen Produktzyklen mit dem hohen Risiko verbunden, nicht mehr zweckgerecht verwertet werden zu können. Es fallen sodann Kosten für den Verkauf, das Recycling und die Entsorgung überzähliger und ungängiger Vorräte an. Bei verfallgefährdeten Produkten / Materialien sind die Verfalldaten sorgfältig zu beachten.

Auch die Abwertung von Vorräten aufgrund nicht zufriedenstellender Gängigkeit belastet das Unternehmensergebnis.

Abhängig von der Bestandshöhe, dem Zinsniveau und der Materialstruktur eines Unternehmens ergibt sich eine durchschnittliche Gesamtbelastung von 16 bis 26 %, bezogen auf das durchschnittliche Vorratsvermögen. Anders ausgedrückt bedeutet dies, dass das Vorratsvermögen in etwa fünf Jahren von den Kosten für Bestandshaltung aufgezehrt wird.

Eine Übersicht über die Kosten der Vorratshaltung gibt Tabelle 3. Aus dieser Aufstellung geht hervor, dass die Zinsen für das im Lager gebundene Kapital die bei weitem gewichtigste Kostenart sind.

> Allerdings ist bei einer angestrebten Bestandsreduzierung grundsätzlich zu beachten, dass sich kurzfristig – wie erwähnt – im Wesentlichen nur die Bestandskosten – der Zinsaufwand und die kalkulatorischen Beständewagnisse – verringern, da diese in ihrer Höhe mit dem jeweiligen Bestandsniveau variieren (sog. variable Kosten). Die weitgehend fixen Lagerhaltungskosten (sog. Lagerkosten) – die Kosten für die Lagerverwaltung, Lagerraum und Lagerinventar (Abschreibung, Instandsetzung etc.) – bleiben davon unberührt und lassen sich – wenn überhaupt – nur mittel- oder langfristig verringern.

Zinsen des gebundenen Kapitals	8	bis	10 %
Verlust, Bruch	2	bis	5 %
Lagerverwaltung	1	bis	2 %
Abschreibung	1,5	bis	2 %
Instandhaltung	1	bis	2 %
Entsorgung	1	bis	2 %
Steuern	1	bis	2 %
Versicherung	0,5	bis	1 %
Lagerhaltungskostensatz	16	bis	26 %

Tabelle 3: Kosten der Vorratshaltung

Festzuhalten ist:

> Unternehmen sollten auf die Ermittlung „ihres" spezifischen Lagerhaltungskostensatzes nicht verzichten, ohne dabei in „Kleinkrämerei" zu verfallen.

Der Verrechnungssatz für die Bestandskosten kann mit 10 bis 15 % angenommen werden. Dabei ist nochmals anzumerken, dass die Bestände in der Regel fremdfinanziert sind und das Kapital aus kurzfristigen Finanzierungsquellen stammt. Der Zinsaufwand ist also kurzfristig auch ausgabewirksam.

Ob und inwieweit es notwendig und realisierbar erscheint, die tatsächlichen Kostensätze zu ermitteln, muss im Einzelfall entschieden werden. Im Prinzip gilt es auch hier, eine intelligente Lösung zu finden und wirtschaftlich nicht vertretbaren Ermittlungsaufwand zu vermeiden. Letztendlich stellen die Kostensätze für den Zinsaufwand und für die kalkulatorischen Beständewagnisse betrieblich kein Geheimnis dar.

Abschließend ist noch die Frage zu beantworten, inwieweit eine Reduzierung der Bestände die Kapitalrentabilität (RoI) beeinflussen.

Diese Kennzahl wird wie folgt ermittelt:

- RoI = Umsatzrentabilität * Kapitalumschlag

$$= \frac{\text{Gewinn} * 100}{\text{Umsatz}} * \frac{\text{Umsatz}}{\text{Gesamtkapital}}$$

(= Gesamtkapital bzw. -vermögen = Bilanzsumme)

Das nachfolgende Beispiel 1 verdeutlicht den „doppelten" Einfluss auf den RoI, der sich bei einem Abbau der Lagerbestände gleichsam automatisch ergibt:

Beispiel 1: Einfluss des Lagerbestandsabbaus auf den RoI
(Return on Investment)

In einem angenommenen Fall (vgl. Abbildung 2) gelingt es einem Unternehmen durch gezielt eingesetzte Bestandssenkungsmaßnahmen – diese wurden in einer unter der Moderation des Logistikleiters stehenden Projektgruppe erarbeitet – die Vorräte um insgesamt 40 % zu reduzieren. Der dadurch erhöhte Kapitalumschlag führte in Verbindung mit der verbesserten Umsatzrentabilität – die ihrerseits aus den durch den Bestandsabbau induzierten Kosteneinsparungen resultierte – zu einer Steigerung der Kapitalrentabilität (RoI) von 8 auf 14 %, also um 75 %!

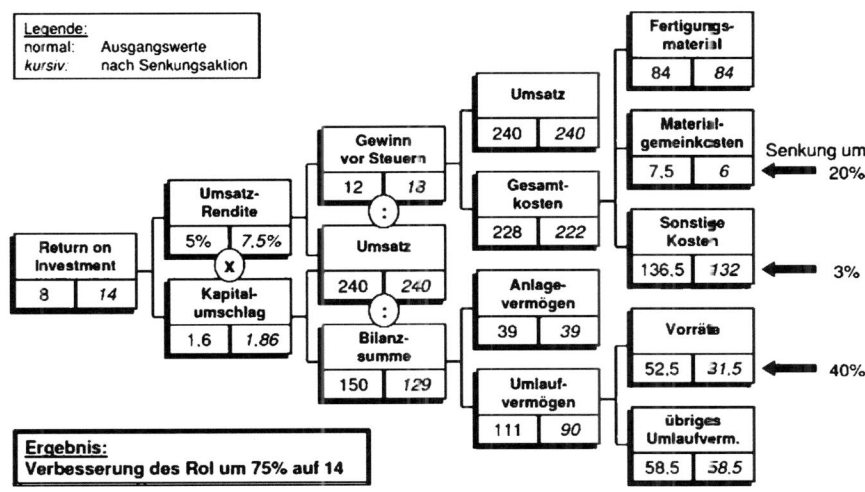

Abbildung 2: Verbesserung der Kapitalrentabilität (RoI) durch gezielten Lagerbestandsabbau

Neben den Materialien, die sich in Lagern befinden, ist auch – wie im Beispiel 1 zugrunde gelegt – das in der Fertigung befindliche Material bei den Bemühungen zur Verringerung der Kapitalbindung zu berücksichtigen. Die Höhe der Kapitalbindung hängt insbesondere vom zeitlichen Ablauf der Fertigung, d. h. von der Durchlaufzeit ab und kann von erheblichem Gewicht sein.

Ein wichtiges Instrument zur Veranschaulichung der zeitlichen Struktur des Fertigungsablaufs und der daraus resultierenden Kapitalbindung ist die Wertzuwachskurve. Sie stellt den an den Herstellkosten gemessenen Wertzuwachs über die Durchlaufzeit des Erzeugnisses durch die Fertigung vom Zeitpunkt der Auftragsfreigabe bis zur Ablieferung dar. Das nachfolgende Beispiel 2 soll in Verbindung mit Abbildung 3 Aufstellung und Interpretation einer angenommenen Wertzuwachskurve veranschaulichen.

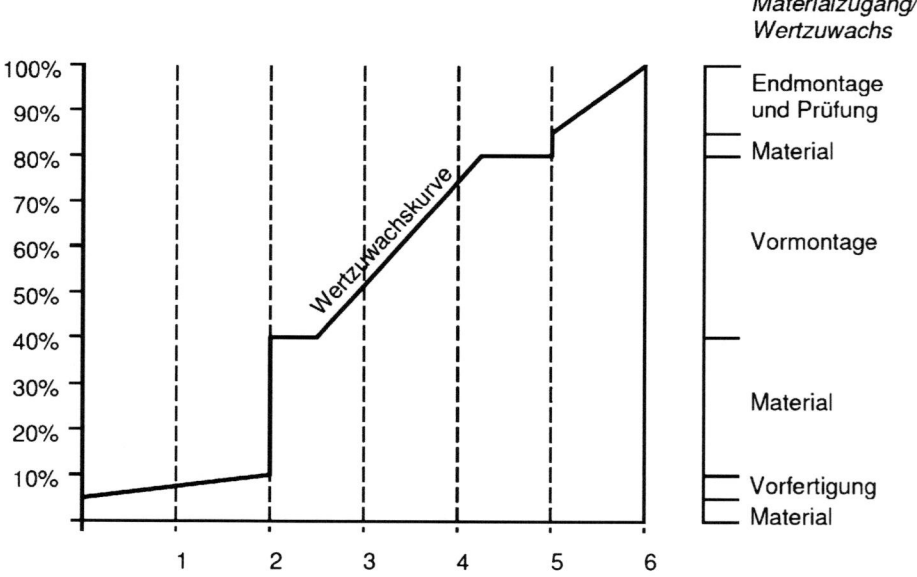

Abbildung 3:   Schema einer Wertzuwachskurve

Beispiel 2: Aufstellung und Interpretation einer Wertzuwachskurve

Grundlage zur Aufstellung der Wertzuwachskurve sind die in den Stücklisten enthaltenen Angaben hinsichtlich der mengenmäßigen Zusammensetzung eines Erzeugnisses und die in den Arbeitsplänen enthaltenen Angaben hinsichtlich des zeitlichen Ablaufs der Fertigung. Die Kostendaten hinsichtlich des Wertes der bereitgestellten Rohstoffe und Baugruppen sowie die Kostensätze der erforderlichen Arbeitsgänge können ebenfalls den Arbeitsplänen bzw. den Materialstammdaten entnommen werden. Da diese Daten maschinell verarbeitet vorliegen, kann die Wertzuwachskurve für einzelne Erzeugnisse oder Aufträge problemlos ermittelt werden.

Aus der Abbildung 3 ist zu ersehen, dass bereits zu Beginn der Fertigung (Auftragsfreigabe) eine Kapitalbindung von 20 % der Herstellkosten des Erzeugnisses durch Bereitstellung von Vormaterialien erfolgte. Der Wertzuwachs durch Lohn- und Gemeinkosten stellt sich als eine schräg anwachsende Linie dar.

Zwischenlagerungen werden als gerade Linien dokumentiert, da kein Wertzuwachs erfolgt. Steigt der Kurvenverlauf über eine lange Zeitachse kontinuierlich an, dann ist die Durchlaufzeit zwar entsprechend lang, aber die Bearbeitung in der Fertigung läuft ohne Unterbrechungen. Jede Verzögerung der im Fertigungsplan vorgesehenen Vorlaufzeit aufgrund fehlender Teile, zu langer Liegezeiten an bestimmten Arbeitsplätzen wegen unabgestimmter Kapazitäten oder wegen Ausfall einer Bearbeitungsmaschine werden in der Wertzuwachskurve durch eine Gerade dokumentiert. Diese Vorgänge wirken sich auf die Bestandssituation im Unternehmen aus.

Kurzfristige Sonderaktionen zur Reduzierung der Bestände führen jedoch nur bedingt zum Erfolg. Die entscheidende Ursache dafür liegt darin, dass nur ein Teil der oben erwähnten Kosten variabel ist und somit direkt von der Bestandshöhe abhängt.

Um fixe bzw. sprungfixe Kosten zu reduzieren, bedarf es einer längerfristigen Planung.

Lagerbeständen haftet zudem der Makel eines bequemen Ruhekissens an. Sie können mit einem Wasserstand verglichen werden, unter dem Probleme und Störquellen verborgen bleiben. Senkt man den Spiegel ab, so kann ein ganzes Bündel von Schwierigkeiten zutage treten.

Diesen Zustand versucht Abbildung 4 zu veranschaulichen. Diese findet man vielfach in der Literatur.

Die Erkenntnis muss daher lauten:

- Der Absenkung der Lagerbestände muss die Lösung der Informations- und Materialflussprobleme vorangehen!

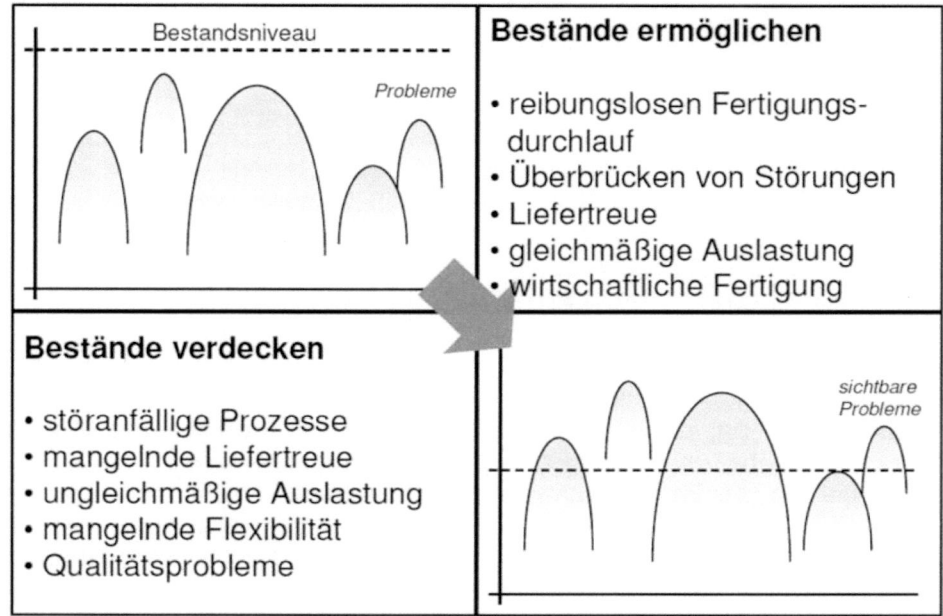

Abbildung 4: Lagerbestände verdecken Probleme und Störquellen

Gezieltes Bestandsmanagement ist daher ohne Zweifel als eine „lohnenswerte" unternehmerische Aufgabe anzusehen. Denn fest steht:

Wenn man sich nicht um Bestände kümmert, dann wachsen sie. Dafür gibt es einen einfachen Grund: Überbestände sind bequem und haben deshalb viele heimliche „Sympathisanten".[6] Regelmäßige Bestandstreiber-Workshops können dann dabei helfen, die Ursachen von überhöhten Beständen zu identifizieren und kurzfristig Abhilfe zu schaffen.

---

[6] Siehe Kemmner, Götz-Andreas, Nachhaltiges Bestandsmanagement, in: Beschaffung aktuell, Nr. 12, Leinfelden 2015, S. 20.

Es wird damit deutlich, dass neue Lösungsansätze, neue Methoden und Denkweisen erforderlich sind, um das Bestandsproblem auf Dauer zu bewältigen. Da die verschiedenen Bereiche in Unternehmen ihre funktionsspezifischen Beweggründe zur Beeinflussung der Bestände haben, ist die Aufgabe, für das Gesamtunternehmen eine optimale Lösung der Bestandssituation zu finden, besonders schwierig. Funktions- und unternehmensübergreifende Logistikkonzepte sind einer Realisierung in der Praxis ebenso wenig näher gekommen wie die Steuerungsphilosophie eines ganzheitlichen Supply Chain Management.

- Es steht jedoch außer Zweifel, dass dazu ein umfassendes Bestandsmanagement erforderlich ist, das mehr ist als funktionsorientierte Lagerbewirtschaftung.

Der Kostendruck aus der Bestandshaltung hat darüber hinaus vermehrt zu der Einsicht verholfen, dass die Bestände nicht nur einmal im Jahr am Tage der Inventur für steuerliche Zwecke durchleuchtet werden müssen, sondern permanent unter Beachtung der Ergebnisse aus der ABC- und XYZ-Analyse und anderer, zumeist teilespezifischer Kriterien zu überwachen sind.

1.4. Kennzahlenorientierte Steuerung des Working Capitals – Working Capital Management

Die Interpretation von Working Capital geht in zwei Richtungen:

1. als Maßstab für die (potenzielle) Liquidität
2. als Finanzierungsbedarf

Mit anderen Worten: Wie bereits erwähnt, verursachen Bestände nicht nur Kosten, sondern sie binden auch Liquidität. Diese wird beim Abbau von Beständen freigesetzt und kann zur Zurückführung der kurzfristigen Verbindlichkeiten bzw. des kurzfristigen Fremdkapitals verwendet werden.

Im Working Capital spiegelt sich dieser Zusammenhang wider. Denn diese Bilanzkennzahl ergibt sich aus der Differenz von Umlaufvermögen und kurzfristigen Verbindlichkeiten. Das Ergebnis sollte möglichst positiv sein, was bedeutet, dass ein Teil des Umlaufvermögens mit langfristig zur Verfügung stehendem Kapital finanziert wird. Ist das Ergebnis dagegen negativ, bedeutet dies, dass das Umlaufvermögen nicht ausreichend ist, um die gesamten kurzfristigen Verbindlichkeiten zu decken. Ein Teil des Anlagevermögens ist damit kurzfristig finanziert. Dies verstößt gegen die goldene Bilanzregel. Das Unternehmen kann somit künftig schnell in Liquiditätsschwierigkeiten geraten, die auch zur Insolvenz führen können. Vereinfacht kann gesagt werden, je höher das Working Capital ist, desto gesicherter ist die Liquidität und damit auch die Beweglichkeit des Unternehmens.

Andererseits muss jedoch beachtet werden, dass ein zu hohes Working Capital auf eine zu hohe und evtl. die Eigenkapitalrentabilität negativ beeinflussende Bindung von kurzfristigen Vermögen im Unternehmen deuten kann. Die Kennzahl bietet hier eine ähnliche Aussagekraft wie die Liquidität 3. Ordnung.

Im Rahmen des Working Capital Management können aus dieser Kennzahl in Verbindung mit weiteren Kennzahlen und Analysen Optimierungspotenziale in der Lagerhaltung oder dem Forderungsmanagement ermittelt sowie Schwachstellen im Verbindlichkeitenmanagement festgestellt werden.

Eine sichere Aussage zur Liquiditätsentwicklung eines Unternehmens kann mit dieser Kennzahl, wie auch mit allen anderen Liquiditätskennzahlen, nicht getroffen werden, da hierfür auch noch nicht bilanzierte zukünftige Zahlungsströme ausschlaggebend sind.

Berechnung:

Das Working Capital eines Unternehmens berechnet sich nach folgender Formel:

```
  Umlaufvermögen
- kurzfristige Verbindlichkeiten

= Working Capital
```

Darunter fallen im Wesentlichen folgende Bilanzpositionen:

Umlaufvermögen : Vorräte an Roh-, Hilfs- und Betriebsstoffen, Halbfabrikaten, Fertigerzeugnissen und Handelswaren

Forderungen aus Lieferungen und Leistungen

Sonstige kurzfristige Forderungen (z. B. Umsatzsteuerforderungen)

Kurzfristiges Fremdkapital: Verbindlichkeiten aus Lieferungen und Leistungen

Bankverbindlichkeiten mit einer Laufzeit bis zu einem Jahr

Sonstige kurzfristige Verbindlichkeiten (z. B. Lohnsteuerverbindlichkeiten)

Rückstellungen (z. B. Steuernachzahlungen)

passive Rechnungsabgrenzungsposten[7]

Verbindlichkeiten (bzw. kurzfristiges Fremdkapital mit einer Restlaufzeit von bis zu einem Jahr)
+ Steuerrückstellungen
+ sonstige Rückstellungen
+ passiver Rechnungsabgrenzungsposten
= Kurzfristige Verbindlichkeiten

---

[7] Nach § 250 Absatz (2) HGB handelt es sich dabei um „Einnahmen vor dem Abschlussstichtag, soweit sie Ertrag für eine bestimmte Zeit nach diesem Tag darstellen". Beispiele dafür sind unter anderem Kundenanzahlungen und Mietvorauszahlungen. Im Gegensatz zu Rückstellungen ist stets bei Rechnungsabgrenzungsposten der genaue Betrag bekannt.

Beispiel 3: Berechnung des Working Capital

Aus dem Jahresabschluss einer börsennotierten Aktiengesellschaft sind zu entnehmen:

Umlaufvermögen	214,6 Mio. EUR
- Kurzfristiges Fremdkapital	127,0 Mio. EUR
= Working Capital	87,6 Mio. EUR

Die Liquidität 3. Ordnung ergibt demnach:

$$\text{Liquidität 3. Ordnung} = \frac{\text{Umlaufvermögen}}{\text{Kurzfristiges Fremdkapital}} * 100$$

$$= \frac{214{,}6 \text{ Mio. EUR}}{127{,}0 \text{ Mio. EUR}} * 100$$

$$= \underline{168{,}98 \ \%}$$

Das Umlaufvermögen entspricht im Wesentlichen den aktiven Bilanzpositionen Bestände und Forderungen (s. Abbildung 1). Das kurzfristige Fremdkapital setzt sich aus den kurzfristigen Verbindlichkeiten gemäß Verbindlichkeitenspiegel mit Laufzeit bis zu einem Jahr, den Steuerrückstellungen, sonstigen Rückstellungen und passiven Rechnungsabgrenzungsposten zusammen und wurde in die Gruppe sonstige Ausgaben eingeordnet.

Das deutlich positive Working Capital lässt Rückschlüsse auf eine solide Finanzierungspolitik des Unternehmens zu, da nicht nur das Anlagevermögen finanziert ist, sondern auch das Umlaufvermögen in Höhe des errechneten Working Capital von 87,6 Mio. EUR. Damit ist aus dieser Sicht das Finanzierungs- bzw. Liquiditätsrisiko als relativ gering einzuschätzen. Die deutlich über 100 % liegende Liquiditätskennzahl unterstreicht diese bilanzanalytische Interpretation.[8]

---

[8] In der verarbeitenden Industrie liegt die Vorratsintensität im Durchschnitt bei 17 % (vgl. Tabelle 1), während laut amtlicher Statistik der sog. Anspannungskoeffizient, d. h. der Anteil des kurzfristigen Fremdkapitals am Gesamtkapital (= Bilanzsumme), bei etwa 40 % liegt. Das führt zu der Schlussfolgerung, dass in der verarbeitenden Industrie in der Regel das Working Capital negativ ist, so dass nicht nur das gesamte Umlaufvermögen – also auch die Bestände – kurzfristig fremdfinanziert sind, sondern auch teilweise das Anlagevermögen. Das Finanzierungs- bzw. Liquiditätsrisiko dieser Unternehmen ist entsprechend hoch einzuschätzen.

Es stellt sich in diesem Zusammenhang die Frage: Wie das Working Capital beeinflusst werden kann? Die wesentlichen Möglichkeiten dazu – sog. Working Capital Management – lassen sich aus der erwähnten Formel ableiten:

- Senkung der Vorräte durch Bestandsoptimierung und Just in Time Fertigung
- Senkung der Forderungsbestände durch kürzere Zahlungsziele, strikteres Mahnwesen und Factoring
- Erhöhung der Lieferverbindlichkeiten durch Aushandeln längerfristiger Zahlungsziele mit Lieferanten

In der Unternehmenspraxis sollte im Rahmen eines gezielten Working Capital Management vom sog. Net-Working-Capital ausgegangen werden. Dabei werden ausschließlich die Positionen des Umlaufvermögens erfasst, die das Kapital für die betriebliche Wertschöpfung binden. Dieser Teil des Working Capital wird als Net-Working-Capital definiert und durch Nichtberücksichtigung von Steuern, Rückstellungen für z. B. Steuernachzahlungen und passive Rechnungsabgrenzungsposten ermittelt. Diese Bilanzpositionen sind nicht Teil des Wertschöpfungsprozesses und im Übrigen zu niedrig, als dass sie den Cash-Flow nachhaltig optimieren könnten. Darüber hinaus sind die beispielhaft erwähnten Positionen im Wesentlichen von nicht beeinflussbaren Rahmenbedingungen abhängig und daher intern nicht steuerbar.

Barbestände und Bankguthaben stellen bereits liquide Mittel dar, so dass sich eine Verringerung dieser Bilanzpositionen nicht liquiditätssteigernd auswirkt.

Es steht außer Frage, dass effektives Working Capital Management für Unternehmen ein wichtiges Instrument ist, um genügend Kapital zu haben und wettbewerbsfähig zu bleiben. Durch gezieltes WCM lassen sich Liquiditätsengpässe vermeiden, Rendite steigern und finanzielle Risiken gezielter steuern. Dabei kann der Einkauf – obwohl es mit Sicherheit nicht zu seinen alltäglichen Aufgaben gehört – eine wichtige Rolle spielen. Allerdings werden die meisten Optimierungsprogramme für Working Capital und Net-Working Capital Management aus dem Finanzbereich (voran)getrieben.

2. Die Problematik bestandstreibender Einflussfaktoren

Es kann wohl kaum ein Unternehmen von sich behaupten, die Bestände in ihrer Gesamtheit zu beherrschen. Bestandsverursachende Funktionen sind so zahlreich in Unternehmen zu finden, dass die unterschiedlichen Interessen und Zielsetzungen kaum auf einen Nenner zu bringen sind – wie bereits unter Ziffer 1.2. erwähnt. Dabei sind die gegenläufigen Interessen nicht unbedingt sachlich fundiert, sondern eher die Folge verkrusteter Strukturen und Denk- sowie Verhaltensweisen. Abteilungsegoismen und Autoritätssensibilitäten haben – so scheint es – alle Versuche, um zur Implementierung eines ganzheitlichen Bestandsmanagement zu kommen, auch im digitalisierten Zeitalter überlebt. Zweckentsprechende organisatorische Ansätze, wie sie in einer ganzheitlichen Logistik und in einem funktions- und unternehmensübergreifenden Supply Chain Management zu sehen sind, blieben in der Phase der Ideenfindung stecken oder bestenfalls als Fragment übrig. Moderne Ideen, die zumindest verbal im Konzept eines globalen Netzwerk-Managements unter Einbeziehung der relevanten Kunden und Lieferanten ihren Niederschlag finden, lassen sich offenbar nicht widerstandslos durchsetzen.

Abbildung 5 führt deutlich vor Augen, dass der Vielfalt von Bestandsverursachern und -elementen schwerlich Einhalt zu bieten ist. Das unternehmenspolitisch kaum fassbare an dieser Situation ist die Tatsache, dass es zwar viele Bestandsverursacher gibt, diese aber nicht unbedingt für das von ihnen ausgelöste Bestandsniveau verantwortlich sind.

Einkauf / Beschaffungsmarkt

- Beschaffungszeiten
- Leistungsfähigkeit der Lieferanten (Kapazität, Flexibilität etc.)
- Zuverlässigkeit der Lieferanten
- Einstandspreise (Rabatte)
- Preiserwartung
- Marktform / eigene Marktstellung

Beschaffungsdisposition

- Selektionsqualität (ABC-, XYZ-, Portfolio-Analyse)
- Bedarfsermittlungsart (Prognose-, Verfahrensqualität)
- Dispositionszyklen
- Losgrößenbildung / Bestellpolitik
- Servicegrad / Sicherheitsdenken
- Kompetenz (Bestandsverantwortung?)

Lager

- Lagerorganisation
- Lagerordnung
- Lagertechnik
- Zahl der Lager

Fertigung

- Fertigungstiefe (Make-or-Buy)
- Fertigungslose
- Durchlaufzeiten / Belegung
- Anteil der Normteile
- Anteil der Produktvarianten

Produktion / Entwicklung

- Prognosequalität
- Absatzmenge
- Lieferzeit
- Servicegrad / Sicherheitsdenken
- Bestellpolitik der Kunden
- Marktform / eigene Marktstellung
- Technischer Fortschritt
- Nachfrageverhalten

Organisation / Personalwesen

- Organisationsqualität / verkrustete Strukturen
- Schnittstellenproblematik
- Personalqualität, -entwicklung
- Wettbewerbssituation
- Machtposition von Bereichsleitern im eigenen Unternehmen / Bereichsegoismen
- Informations- und Kommunikationstechnologien

Abbildung 5: Ursachen hoher Bestände

Die Übersicht zeigt gnadenlos die Aktionsparameter der Bestandsverursacher auf, die sich zwangsläufig bei Vernachlässigung bestandstreibend auswirken. Oder könnten entsprechende Strategien und Maßnahmen

- des Einkaufs nicht zu einer verbesserten Lieferleistung
- in der Disposition nicht zu einer optimierten Losgrößenbildung
- im Marketing nicht zu einer realistischeren Absatzprognose
- in der Produktion nicht zu einer geringeren Ausschussquote
- in der Entwicklung nicht zu einer Absenkung der Materialienvielfalt

mit der jeweiligen Konsequenz einer Verringerung des Bestandsniveaus führen? Darüber hinaus sollte sich auch die Unternehmensführung mit bestandswirksamer Strategieausrichtung befassen, die sich stets bei der Entwicklung neuer Produkte oder Erschließung neuer Märkte stellt.

3. Versorgungssicherheit – ein kritischer Erfolgsfaktor

Zukunftsorientierte Unternehmen sorgen für den Fall von Störungen oder Engpässen in der Versorgungskette vor. Präventive Maßnahmen im Sinne eines Notfallplans werden in Angriff genommen, um bei Ausfall eines wichtigen Lieferanten das Versorgungsrisiko zu minimieren.[9]

Durch die Verlagerung von Prozessen und Know-How in das externe Wertschöpfungsnetzwerk erhöhen sich immer mehr die Abhängigkeit von Lieferanten und die Komplexität, und damit auch die Risiken. Deswegen bedarf es zur Sicherstellung der Versorgung neuer Methoden. Mathematische Modelle und Ansätze der künstlichen Intelligenz sorgen für eine Vernetzung von Wissen und lassen mögliche Risiken in der externen Wertschöpfung erkennen. Dieses crossfunktionale Wissen kann frühzeitig generiert werden, sodass ein präventives Vorgehen gewährleistet wird.[10]

---

[9] Siehe ausführlich Orths, Heinrich, Einkaufscontrolling als Führungsinstrument – Tipps und Tools für den Erfolg, 2. Auflage, Gernsbach 2009, S. 156 ff.
[10] Dust, Robert / Wilde, Anja, Wissensmanagement als Grundlage einer präventiven Lieferantenbewertung, in Beschaffung aktuell, Nr. 2, Leinfelden 2016, S. 20

Im Tagesgeschäft stellt sich stets die Frage:
Was muss geschehen, damit die Lieferfähigkeit wieder hergestellt ist? Kunden haben in der Regel nur eingeschränkt Verständnis für eine unverschuldete Notsituation.

Dem Ausfall der eigenen Fertigung gleichgestellt ist daher der Zusammenbruch der Versorgung. Dies klingt pathetisch, kann jedoch relativ leicht geschehen. In manchen Unternehmen muss nur der „richtige" Lieferant ausfallen. Und dann ...

Die Sicherstellung der Versorgung des Unternehmens mit allen benötigten Lieferungen und Leistungen ist ein wichtiges Ziel des Einkaufs. In der traditionellen Denkweise wurde deshalb „Single Sourcing" abgelehnt. Es galt, möglichst viele Lieferanten für das gleiche Material zu haben. Im Bereich der Schlüsselprodukte[11] ließ sich diese Philosophie jedoch noch nie so richtig in die Praxis umsetzen. Die Philosophie ist nun einmal das eine; die Realisierbarkeit kann etwas ganz anderes sein. Gerade dort, wo das Unternehmen am empfindlichsten zu treffen ist, kann „Multiple Sourcing" nicht realisiert werden. Selbst große Nachfrager, wie die Automobilindustrie, stoßen hier mitunter an ihre Grenzen, an die Grenzen des Finanzierbaren.

Wenn Lieferanten auszutauschen sind, eine Wettbewerbssituation also besteht, sind diese häufig vor dem Hintergrund der Versorgungssicherheit nicht einmal notwendig. Die Notwendigkeit von fünf Schraubenhändlern ist mit dem Schlagwort „Versorgungssicherheit" kaum zu begründen. Selbst wenn es nur einen zugelassenen Schraubenhändler geben sollte, wären bei dessen Ausfall kaum Versorgungsengpässe zu befürchten, da es sich dabei um sog. Hebelprodukte handelt.[12] Ersatz für ihn wäre sicher sofort verfügbar.

---

11) Siehe vom Verf., Modernes Einkaufsmanagement – Global Sourcing – Methodenkompetenz – Risikomanagement, 2. Auflage, Gernsbach 2014, S. 81 ff.
12) Hebelprodukte / -leistungen sind durch geringes Versorgungsrisiko und hohes Beschaffungsvolumen gekennzeichnet. Sie sind problemlos beschaffbar, viele Lieferanten sind am Markt verfügbar und die Wiederbeschaffungszeit ist relativ kurz. – Siehe im Einzelnen vom Verf., Modernes Einkaufsmanagement, a. a. O., S. 82 ff.

Was aber soll geschehen, wenn ein Lieferant ausfällt, der ein spezielles Zeichnungsteil gemeinsam mit dem Unternehmen entwickelt hat? Gründe hierfür können sein:

- Zulieferer-Ausfall
- Insolvenz
- Streik oder Aussperrung
- Feuer, Hochwasser oder ähnliches

Normalerweise erwartet man von einem Lieferanten, dass dieser die notwendige Vorsorge trifft und im Übrigen seine Probleme alleine löst. Dazu gehört sicher auch Vorsorge gegen Naturgewalten, soweit dies möglich ist. Feuerschutzmaßnahmen sollten auch selbstverständlich sein. Eine ausreichend hohe Feuerversicherung kann vielleicht den Lieferanten beruhigen: seinen Kunden hilft sie wenig. Zweifellos ist es von Vorteil, wenn der Kunde nach dem Prinzip „Früherkennung" verfährt.

Vor einer Insolvenz ist kein Unternehmen nachhaltig gefeit. Eine Verkettung unglücklicher Umstände kann auch ein solventes Unternehmen treffen.

> Lieferanten sollten zu ihren Kunden passen. Wenn für den Kunden die Versorgungssicherheit primäres Ziel darstellt, sollte der Lieferant gegenüber seinen Unterlieferanten in vergleichbarer Weise handeln. Was nützt der bestausgerüstete Kunststoffverarbeiter, wenn er kein Vormaterial mehr erhält?

Das Ausfallrisiko der einzelnen Lieferanten ist differenziert zu betrachten. Dennoch sollte nicht verkannt werden, dass es für jeden Lieferanten eine Alternative geben muss. Diese kann unterschiedlich aussehen, wie z. B.

- Problemloser Austausch gegen Alternativ-Lieferant (welchen?).
- Lieferant hat Notfall-Konzept, das Weiterführung sichert, z. B. im Zweigbetrieb.
- Werkzeuge gleichartiger Lieferanten (z. B. Kunststoffverarbeiter) können im Notfall verlagert werden.
- Bei Zulieferer-Ausfall wird auf eine andere Problemlösung (konstruktiv) umgestellt. Diese ist umgehend verfügbar.

Grundsätzlich sollte sich die Einschätzung des Versorgungsrisikos nicht auf den Zeitpunkt der Lieferantenauswahl und -bewertung beschränken, wenn es Aufgabe des Strategischen Einkaufs sein muss, den (potenziellen) Lieferanten – wie in Abbildung 6 beispielhaft aufgelistet – entsprechende Prüffragen zu stellen. Vielmehr zahlt es sich buchstäblich aus, wenn für den Notfall ein gemeinsames Konzept – ein Notfallplan – erstellt wird, in dem sich jeder Einkaufsmitarbeiter/innen wiederfindet. Die spezifischen Problemlösungen müssen aber an jedem einzelnen Arbeitsplatz erarbeitet werden.

Teilkriterien	Erläuterungen	N
Logistik	• Logistik ist schnittstellenfrei organisiert und macht kompetenten Eindruck • Lieferant bietet aktiv JiT-Verträge, Ship-to-Stock-Lieferungen an	
Flexibilität	• Verfügt uneingeschränkt über gewünschte Fertigungskapazitäten • Kurzcyklische Reaktionszeiten • Mehrschichtbetrieb	
Lieferfähigkeit	• Frühwarnsystem zur rechtzeitigen Unterrichtung bei Lieferverzögerungen ist vorhanden • Lieferant unterhält ein Sicherheitslager, um Lieferfähigkeit bei Fertigungseinbrüchen zu gewährleisten • Liefertreue-Index liegt über dem Zielwert	
Zusammenarbeit	• Lieferant verfügt über die notwendigen technischen Voraussetzungen, um den Datenaustausch über EDI abzuwickeln • Lieferant sucht proaktiv Gespräch über Bedarfsvorschau • Offenheit	
Gesamtbeurteilung Versorgungssicherheit		

Abbildung 6: Checkliste zur Beurteilung der Versorgungssicherheit[13]

---

13) Siehe Hartmann / Orths / Kössel, Lieferantenbewertung – aber wie?, 5. Auflage, Gernsbach 2013, S. 44.

Eine Bestandsreduzierung nach dem „Gießkannenprinzip" kann somit nicht das Ziel sein, da sichergestellt bleiben muss, dass zum Bedarfszeitpunkt keine Materialien fehlen. Droht die Versorgung der Fertigung zusammenzubrechen, so entstehen Fehlmengenkosten,[14] die bei Maschinen- oder Bandstillstand außerordentlich hoch sein können.

Im Rahmen einer systematisch durchzuführenden Potenzialanalyse[15] sollte daher eine eindeutige Antwort auf folgende Fragestellungen gefunden werden:

- Wo stehen wir?
- Was wollen wir?
- Was sind die kritischen Erfolgsfaktoren?

Es ist nicht auszuschließen, dass das in diesem Zusammenhang einzuberufende Team zu der Überzeugung gelangt, dass unter dem Gesichtspunkt, das Versorgungsrisiko weitgehend zu minimieren, in Einzelfällen eine Anhebung des Bestandsniveaus die Konsequenz sein sollte. Es ist auch zu prüfen, ob und inwieweit für bestimmte Warengruppen die Voraussetzungen für die Einrichtung von Konsignationslagern und / oder für den Abschluss von Fremdbevorratungsverträgen, d. h. für die Einrichtung von Lieferanten- bzw. Fremdlagern, gegeben sind.

> Insgesamt muss eine Optimierung der Bestände Ziel der strategischen Ausrichtung sein!

---

14) Siehe vom Verf., Materialwirtschaft: Organisation – Planung – Durchführung – Kontrolle, 9. Aufl., Gernsbach 2005, S. 426 f.
15) Siehe ausführlich dazu die Fallstudie im Zweiten Abschnitt unter Ziffer 4.

4. Voraussetzungen für erfolgreiches Bestandsmanagement

Für ein erfolgreiches Bestandsmanagement sind im Wesentlichen folgende Voraussetzungen zu erfüllen:

- Klare Regelung der Aufgaben, Kompetenz und Verantwortlichkeit (Es gibt in jedem Unternehmen viele Bestandsverursacher, aber sind diese auch für die Höhe der Bestände verantwortlich?)
- Zusammenarbeit mit leistungsfähigen Lieferanten (Wird das Prinzip der Reverse Kunden-Lieferantenbeziehungen[16] beachtet?)
- Wahrnehmung von Controlling-Aufgaben im Bestandsmanagement (Wie wird Controlling umgesetzt? Als Instrument zur Steuerung der Bestände oder ausschließlich als bilanzielle Momentaufnahme?)
- Verbesserung der Informations- und Kommunikationsbasis (Werden die zur Verfügung stehenden Tools von den Mitarbeitern/-innen gezielt genutzt?)

Der eine oder andere Problembereich ist in der Praxis nur unzureichend gelöst. Das gilt vor allem für die Umsetzung des Prinzips der Reverse Kunden-Lieferantenbeziehungen und – wie schon erwähnt – für die organisatorische Verankerung einer funktionsübergreifenden Bestandsverantwortung. Vielmehr wird mit der Einführung einer PPS-Software häufig die Erwartung verbunden, dass damit die Voraussetzungen für ein optimiertes Bestandsmanagement erfüllt seien. Doch eine Software kann in Verbindung mit einem Computer die Quellen der Bestandsverursachung nicht beseitigen. Dazu bedarf es gestaltender Maßnahmen im Bereich der Aufbau- und Ablauforganisation eines Unternehmens.

4.1. Koordinierte Bestandsverantwortung ein Muss

Die unterschiedlichen abteilungsspezifischen Zielsetzungen und Beweggründe zur Bestandspolitik – s. Abbildung 7 – erschweren eine funktionsübergreifende Bestandsoptimierung.[17] Verkauf, Fertigung und Einkauf / Disposition sichern sich eigenständig durch entsprechende bestandspolitische Maßnahmen gegen Störungen in der Versorgungskette ab.

---

16) Siehe im Einzelnen vom Verf., Lieferantenmanagement: Gestaltungsfelder – Methoden – Instrumente, 2. Aufl., Gernsbach 2010, S. 71 f.
17) Siehe auch im ersten Abschnitt unter Ziffer 1.2.

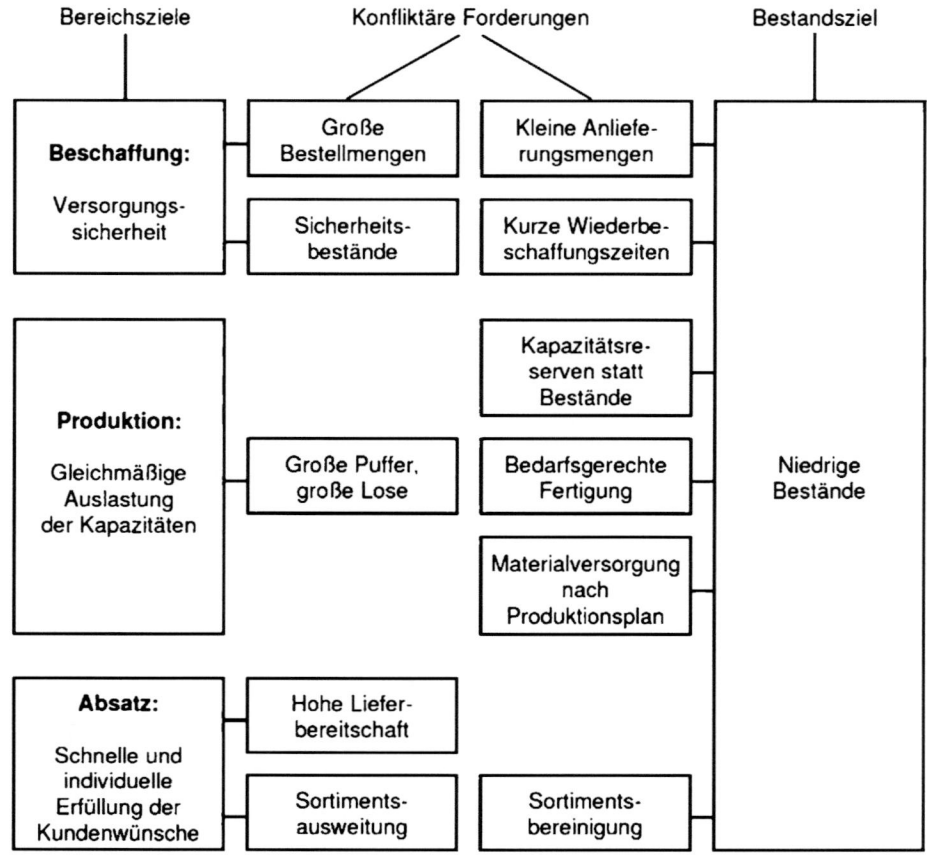

Abbildung 7: Konfliktäre bereichsspezifische Zielsetzungen im Überblick

Die Abteilungsegoismen sind durch das Denken in Sicherheitsbeständen und -zeiten geprägt. Die jeweilige Teiloptimierung wird gegenüber den Nachbarfunktionen verteidigt. Versorgungsprobleme werden nach dem „Schwarzer-Peter-Prinzip" gelöst. Die Gesamtverantwortung für die Sicherung der Versorgung bei gleichzeitiger Optimierung der Bestände kann – ausgehend von dieser Situation – kein Bereich übernehmen.

Wozu dienen Bestände? Sie sollen die unterschiedlichen Anforderungen vom Absatzmarkt und Beschaffungsmarkt ausgleichen. Damit wird deutlich, dass Supply Chain Management (SCM) die Steuerung der Versorgungskette vom Lieferanten bis zum Kunden / Endverbraucher beinhaltet und eine isolierte organisatorische Lösung ausschließen sollte. Mit SCM ist nachstehende Erkenntnis verbunden:

- Je weniger Schnittstellen eine Information passieren muss, desto schneller und exakter gelangt sie an die Stelle im Organisationsgefüge, an der sie benötigt wird.

Es gilt also, die Schnittstellenproblematik durch eine koordinierende Instanz zu überwinden. Mit anderen Worten: Es sind alle logistischen Aufgaben, die traditionell in verschiedenen Abteilungen eines Unternehmens wahrgenommen werden, in einer Abteilung Logistik zusammenzufassen. In dieser konzentriert sich in Abgrenzung zum marktorientierten Strategischen Einkauf die Mengen- und Terminverantwortung und damit auch die Verantwortung für die Bestände, unabhängig von deren Lagerort. Abbildung 8 stellt schematisch eine mögliche Aufgabenverteilung dar.

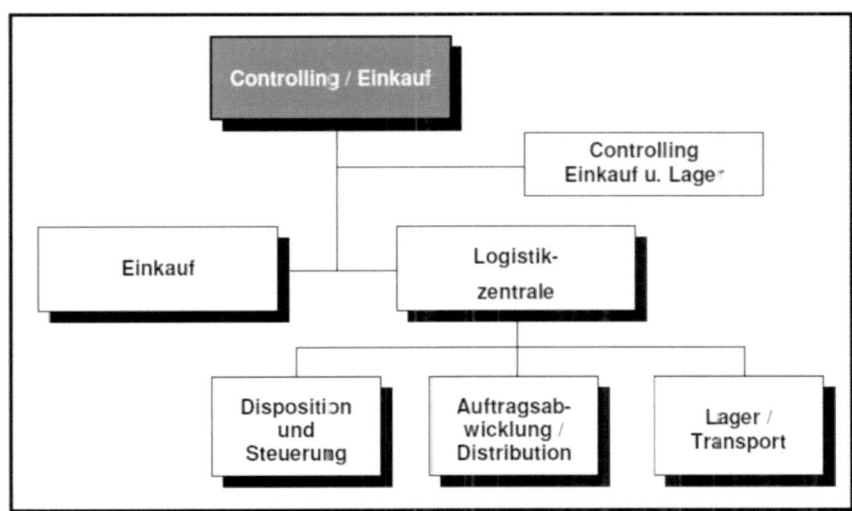

Abbildung 8: Organisationsmodell „Einkauf und Logistik"

Die organisatorische Gestaltung eines eigenständigen Logistikbereiches mit der Zusammenfassung der Beschaffungs-, Produktions- und Vertriebslogistik stößt allerdings bei der praktischen Umsetzung auf erhebliche Schwierigkeiten, da der Einkauf, die Produktion und der Vertrieb planende, steuernde und dispositive Aufgaben abgeben müssen. Bequeme und gewohnte Pfade sind zu verlassen.

Die Logistik ist damit verantwortlich für

- die Abstimmung und Erstellung der Produktionspläne
- die Ermittlung der Teilebedarfe
- die Auslösung und Abwicklung der Abrufe
- die Steuerung der Teilefertigung und Montage
- die Steuerung des Vertriebs (Auftragsabwicklung, Kommissionierung, Versand etc.)
- alle Lager im gesamten Unternehmen
- den innerbetrieblichen Transport und Verkehr (Fuhrpark)
- die Entsorgung

Die Praxis hat gezeigt, dass die Logistik nur dann ihrer Verantwortung für einen reibungslosen Informations- und Materialfluss vom Absatzmarkt bis zum Beschaffungsmarkt gerecht werden kann, wenn ihr als Querschnittsfunktion[18] umfangreiche Kompetenzen eingeräumt werden. Als Vorteile dieses Organisationskonzeptes, das dem Grundgedanken der Supply Chain-Philosophie entspricht – wie in Abbildung 9 schematisch dargestellt –, nämlich der Verknüpfung des Absatzmarktes mit dem Beschaffungsmarkt, haben sich nachweislich herauskristallisiert:

- Niedrigere Bestände auf allen Lagerstufen (kein Sicherheitsdenken, keine Sicherheitsbestände)
- Verbesserte Termintreue gegenüber den internen Kunden / Bedarfsträgern und den externen Kunden / Endverbrauchern sowie gegenüber den Lieferanten (zentrale Auftragsabwicklung)
- Kürzere Reaktionszeiten bei Störungen (klare Kompetenz- und Entscheidungsregelung)
- Geringerer Koordinationsaufwand / Abbau nicht notwendiger Gemeinkosten (keine Schnittstellen vorhanden)
- Klare Verantwortlichkeit (ausschließlich ein Ansprechpartner für die Lösung aller Versorgungs- und Bestandsprobleme)

---

18) Siehe ausführlich dazu vom Verf., Materialwirtschaft, a.a.O., S. 65.

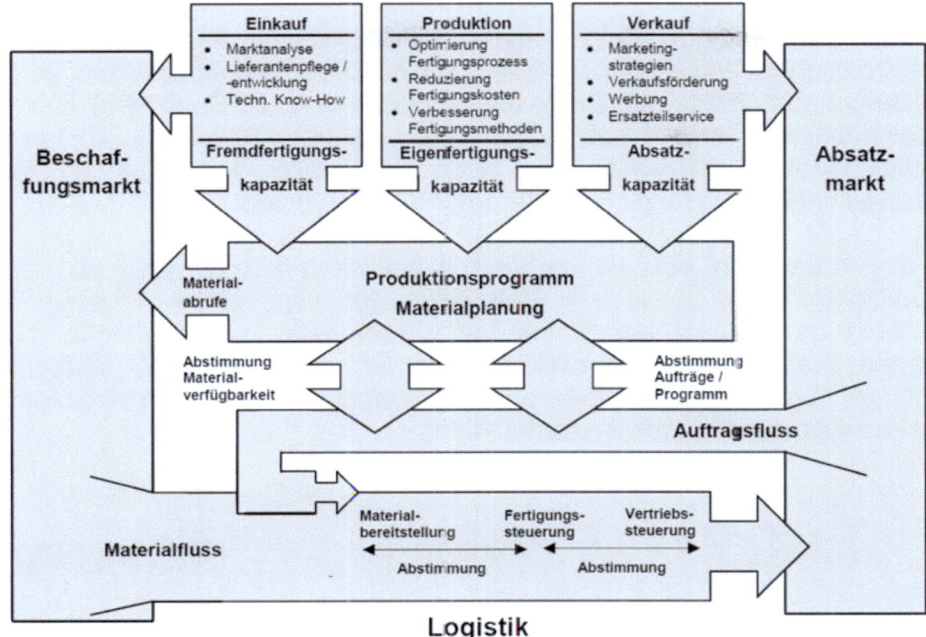

Abbildung 9: Unternehmensübergreifende Logistik
(schematische Darstellung)

Unbestritten sollte es sein, dass

> die ganzheitliche Logistik die ideale organisatorische Voraussetzung zur Optimierung der Bestände darstellt, die Umsetzung jedoch aufgrund gegenläufiger Abteilungsinteressen zum Scheitern verurteilt sein kann.

4.2. Zusammenarbeit mit Lieferanten

Wozu benötigt man Bestände? Reicht es nicht aus, leistungsfähige und leistungsbereite Lieferanten zu haben, die durch eigene Bestandsführung für rasche Verfügbarkeit sorgen? Es geht dabei nicht um die Verlagerung von Problemen, sondern um deren Lösung. Auf Dauer trägt der Kunde alle entstehenden Kosten über die Preise. Wenn die direkte Überwälzung in Form von Preiserhöhungen vermieden werden kann, werden Preisermäßigungen verhindert.

Eine bekannte Lösung ist die Einbindung von Lieferanten auf elektronischem Wege (Vendor Managed Inventory / VMI). Die intelligente Lösung heißt: Bestände durch Information ersetzen. Doch wird diese Problemlösung immer noch nicht im wünschenswerten Umfang angewendet. Stattdessen wird noch zu häufig der Versuch der Problemverlagerung auf den Lieferanten unternommen.

Was Vermeidung von Beständen tatsächlich bedeutet, wird an der Abbildung 10 verdeutlicht.[19] Frühzeitige und verlässliche Information versetzt den Lieferanten in die Lage, rechtzeitig für Vormaterial zu sorgen, Kapazitäten bereitzustellen. Bestände werden nicht verlagert, sondern vermieden. Kosten werden nicht verschoben, sondern eliminiert. Lieferzeiten werden kürzer – zum 0-Tarif.

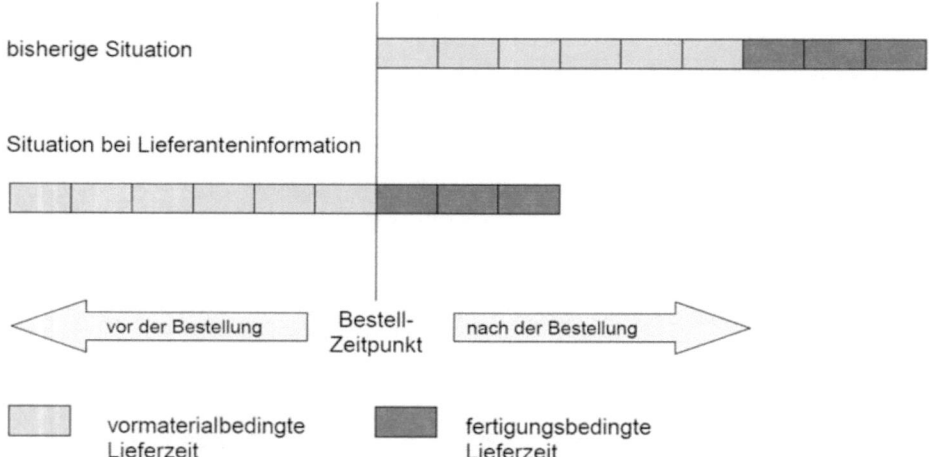

Abbildung 10: Rechtzeitige und verlässliche Informationen sind für den Lieferanten von Vorteil

Damit wird deutlich, dass weder Bestände noch Lieferzeiten Tabu-Themen sein dürfen. Sie sind vielmehr als ständige Herausforderung zu betrachten.

---

19) Siehe Orths, Heinrich, Einkaufscontrolling, a.a.O., S. 105.

Im Übrigen sollten neue Lieferanten stets bestimmte Voraussetzungen erfüllen, um zugelassen zu werden. Zulassungsvoraussetzungen sind in Abhängigkeit von den jeweils zu beschaffenden Produkten festzulegen. Sie gelten immer als Mindestvoraussetzungen für die Zulassung (vgl. Abbildung 11). Verfügt ein Lieferant beispielsweise über weitgehende Zertifizierungen bzw. Anerkennungen, so sollten diese in einer Datenbank „Zugelassene Lieferanten" erfasst werden. Mit anderen Worten: Die Informationen über die zugelassenen Lieferanten (Lieferantendaten) sind in einer Datenbank (ERP-System) zu führen. Die Zuständigkeit für die Zulassung neuer Lieferanten sollten stets beim Einkauf liegen, der auch – erforderlichenfalls in Abstimmung mit dem Qualitätsmanagement (QM) – zu entscheiden hat, ob die Aufnahme eines neuen Lieferanten als unbedingt notwendig anzusehen ist.

In diesem Zusammenhang stellt sich die Frage, nach welchen Kriterien die Leistungsfähigkeit von Lieferanten zu beurteilen ist. Im Wesentlichen kann es sich dabei um die nachstehend aufgelisteten Anforderungen an die Lieferanten handeln:[20]

- Wirtschaftlichkeit / Kosten / Preise
- Versorgungssicherheit / Lieferzuverlässigkeit
- Technisches Know-How
- Qualitätsfähigkeit
- Kommunikationsfähigkeit
- Flexibilität
- Finanzkraft / Bonität
- Ökologie / Nachhaltigkeit

Während in der Regel nur die umsatzstärksten Lieferanten (z. B. A-Lieferanten) und Schlüssellieferanten hinsichtlich ihrer Leistungsfähigkeit sporadisch (z. B. einmal jährlich) beurteilt werden, kann die Lieferleistung der Lieferanten uneingeschränkt mit jedem Wareneingang erfasst werden. Dabei können auf der Grundlage der eingegebenen Daten systemgestützt die Termin-, Mengen- und Qualitätszuverlässigkeit der Lieferanten bewertet und hinsichtlich ihrer Entwicklung verfolgt werden.

---

[20] Siehe Hartmann / Orths / Kössel, Lieferantenbewertung – aber wie?, a. a. O., S. 34 ff.

Ob und inwieweit Lieferanten die Anforderungen erfüllen, bleibt auf das Bestandsniveau im eigenen Unternehmen nicht ohne Auswirkungen. Wenn beispielsweise Lieferzuverlässigkeit und Flexibilität gegeben sind, können Versorgungsrisiken als verhältnismäßig gering eingeschätzt werden, was die Notwendigkeit zur Vorratshaltung im eigenen Unternehmen eingrenzt und insgesamt das Bestandsmanagement erleichtert.

Es wird deutlich, dass

> professionelles Lieferantenmanagement auf einem leistungsfähigen Lieferantenbewertungssystem basieren muss, um Stärken und Schwächen eines Lieferanten frühzeitig zu erkennen und entsprechend entgegensteuern zu können.

Lieferantenbewertung und Lieferantencontrolling sind daher eng miteinander verzahnt.[21] Ohne einen fundierten Controllingprozess besteht die Gefahr, dass die Lieferantenbewertung zum Selbstzweck wird. Dabei ist mit Lieferantencontrolling keineswegs die Vorstellung zu verbinden, den Lieferanten „unter Kontrolle zu bekommen". Der Grundgedanke ist, den Prozess von der Zielfindung bzw. -vereinbarung bis zur Abweichungsanalyse zu steuern.

Im Übrigen: Nicht die Lieferanten sind zu managen, sondern die Beziehungen zu den Lieferanten. Das macht der englische Begriff „Supplier Relationship Management" (SRM) deutlich.

> Lieferanten-Beziehungsmanagement setzt jedoch Problembewusstsein auf beiden Seiten voraus, da Beziehungen durch Fehlverhalten eines jeden Partners beeinflusst werden können.

Art und Weise der Zusammenarbeit mit Lieferanten ist entscheidend auch davon abhängig, ob und inwieweit der Einkauf die Bedürfnisse und Vorstellungen seiner Lieferanten kennt.

---

21) Siehe vom Verf., Lieferantenmanagement, a.a.O., S. 93 ff.

Mit anderen Worten: Zeitgemäßes Lieferantenmanagement setzt voraus, dass der Einkauf seine Partner-Lieferanten als externe Kunden betrachtet, die er durch entsprechende Verhaltensweisen zufrieden stellt. Um diesem Prinzip der Reverse Kunden-Lieferantenbeziehungen gerecht zu werden, sind vor allem nachstehende Voraussetzungen zu erfüllen:

- Offene Kommunikation
- Gegenseitiges Vertrauen
- Verständnisvolles Handeln
- Verwirklichtes Win-Win-Prinzip

In der Einkaufspraxis ist die Umsetzung einer Lieferantenkooperation bzw. einer Lieferantenpartnerschaft in der Regel auf umsatzstarke und innovative Lieferanten begrenzt. Die in Abbildung 11 dargestellte Lieferantenpyramide veranschaulicht eindrucksvoll den Zusammenhang zwischen steigendem Anforderungsprofil und abnehmender Lieferantenanzahl.[22] Gleichwohl steht außer Frage, dass mit dem „Managen" dieser Lieferanten auch das „Managen" der Bestände eine andere Dimension einnimmt als vergleichsweise bei geringwertigen Artikeln, die kaum Bestandskosten verursachen und kaum Liquidität binden. In diesen Fällen ist C-Teile-Management im Wesentlichen durch die Umsetzung von Outsourcing-Maßnahmen zu verwirklichen.

---

22) Siehe vom Verf., Lieferantenmanagement, a. a. O., S. 78.

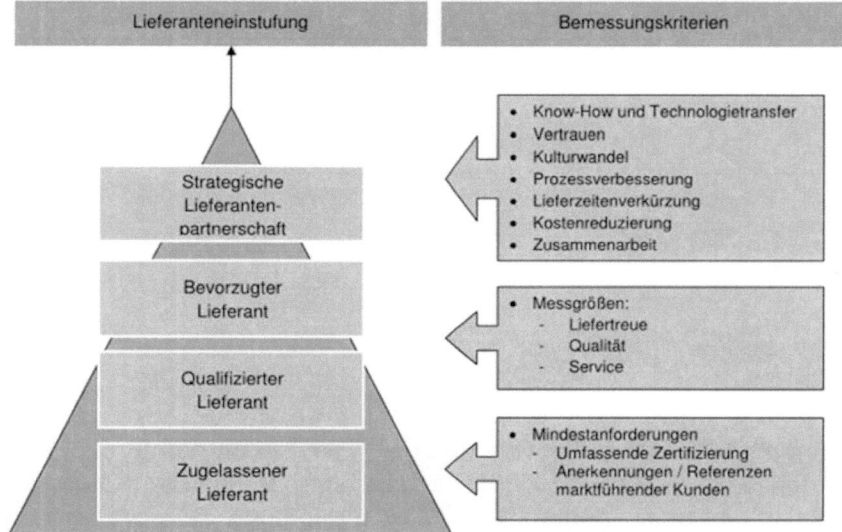

Abbildung 11: Lieferantenpyramide

Wenn die Strategie einer Lieferantenreduzierung verfolgt wird, ist sicherzustellen, dass im Rahmen der Potenzialanalyse die Ist-Situation detailliert erfasst und das Soll-Konzept artikel- oder warengruppenspezifisch erarbeitet wird. Dabei kann es – wie bei einer Strategie der Bestandsreduzierung – nicht um eine Verringerung der Lieferantenanzahl „um jeden Preis" gehen. Vielmehr sollte der Fall nicht ausgeschlossen werden, dass in Einzelfällen die Anzahl der Lieferanten zu erhöhen ist. Letztendlich ist eine Lieferantenoptimierung das erstrebenswerte Ziel, um Versorgungssicherheit – ein kritischer Erfolgsfaktor – möglichst umfassend zu gewährleisten. Single Sourcing ist nur bei Schlüsselprodukten und bei der Konzentration von C-Artikeln auf einen Dienstleister eine vertretbare Strategie.

Das Aufgabengebiet und der Einfluss des Einkaufs werden sich in den nächsten Jahren ohne Zweifel stetig verändern. Bislang sind die Ziele im Einkauf klar definiert: Der Aufwand für den Einkauf soll durch ein strategisch ausgerichtetes Kosten- und Lieferantenmanagement gesenkt werden. Das bleibt auch in Zukunft Kernaufgabe und Kompetenz der Einkaufsexperten. Doch durch neue Trends wird sich der Fokus auf die Gesamtprozesse des Unternehmens erweitern. So wird es nicht nur zu den Aufgaben des Einkaufs gehören, weltweit Beschaffungsmärkte und Lieferanten zu analysieren, sondern Rahmenbedingungen auszuhandeln, um komplexe Lieferketten unter Beachtung eines zielführenden Risikomanagements weltweit aufzubauen.[23]

Schließlich sollte die Zusammenarbeit mit Lieferanten – ob gegenwärtig oder in Zukunft – mehr sein als ein bloßes Lippenbekenntnis oder ein vertragliches Regelwerk. Schönwetter-Partnerschaften zerplatzen, sobald Probleme auftreten. Wie üblich, stellt sich sodann die Frage: Wer ist der Problemverursacher, der Einkauf oder der Lieferant?

4.3. Wahrnehmung von Controllingaufgaben im Bestandsmanagement

Bei fast allen Maßnahmen zur Bestandssenkung besteht die Gefahr der Übersteuerung, was die Lieferbereitschaft des Unternehmens gefährden kann. Die Philosophie des begleitenden Controlling soll vor allem dazu beitragen, diese negativen Auswirkungen zu vermeiden. Das ist vor allem an den Aufgaben des Bestandscontrolling erkennbar. Diese sind im Wesentlichen:

- Planung der Bestände auf der Grundlage der Ist-Zahlen zum Planungsstichtag und der Zielvorgaben für den Umsatz in der Planperiode.

- Analysen zur Bestandshöhe und Bestandsentwicklung. Im Mittelpunkt steht dabei die Abweichungsanalyse der Ist-Zahlen von den Zielvorgaben aus dem letzten Planungsschritt, die Erkenntnisse über die Ursachen für Soll-Ist-Differenzen, d. h. für Fehlentwicklungen liefern soll.

Die Wichtigkeit dieser Aufgabenstellung führt zu der Frage, ob das Bestandscontrolling als Haupt- oder Teilfunktion organisiert werden sollte.

Im Wesentlichen bieten sich für die Einordnung des Bestandscontrolling in die Unternehmenshierarchie zwei vertretbare organisatorische Lösungsmöglichkeiten an:

---

23) Siehe Kerkoff, Gerd, u. a. Einkaufsagenda 2020, Weinheim 2010, S. 187.

- Sind die wirtschaftlichen Voraussetzungen (Unternehmensgröße und -struktur, Umfang der zu betreuenden Materialpositionen und Bestände, Akzeptanz durch die Unternehmensführung) vorhanden, dann ist die Schaffung eines eigenen Funktionsbereiches für das Bestandscontrolling oder die organisatorische Einbindung des Bestandscontrolling in einen allgemeinen Controlling-Bereich sinnvoll.
- Fehlen die Voraussetzungen, dann sollte das Bestandscontrolling als Teil des Bestandsmanagement, d. h. von der zentralen Logistik (vgl. Abbildung 8) wahrgenommen werden, zumal die Zielvorstellungen der Logistik mit denen des Bestandscontrolling übereinstimmen.

Zur Beurteilung der Bestände und der Bestandsentwicklung, die auf der Grundlage einer kombinierten ABC- / XYZ-Analyse erfolgen sollte, stehen eine Reihe von Kennzahlen zur Verfügung, die im Vierten Abschnitt dargestellt und hinsichtlich ihrer Anwendbarkeit diskutiert werden.

Wie auch immer Bestandscontrolling im Unternehmen integriert und gestaltet wird, der Controllingprozess sollte in vier Phasen ablaufen. Diese sind:

- Zielfindung und -vereinbarungen
- Überwachung / Steuerung der vereinbarten Maßnahmen
- Soll-Ist-Abgleich
- Abweichungsanalyse (ggf. Korrekturmaßnahmen)

4.4. Einsatz zeitgemäßer Informations- und Kommunikationstechnologien ist ein Muss

Informationen sind zu einem bedeutenden Produktionsfaktor geworden. Diese Erkenntnis gilt nicht nur für die Zusammenarbeit mit Lieferanten und Kunden, sondern vor allem auch für die Bestandsführung im eigenen Unternehmen. Ziel des Bestandsmanagement und -controlling sollte es sein, Bestände durch Informationen zu ersetzen.

Unbestritten jedoch ist, dass

> die Qualität einer Information ihren Wert bestimmt.

Speziell im Bereich des Bestandsmanagement ist die Qualität einer Information von folgenden vier Faktoren abhängig:

- Richtigkeit der laufenden Bewegungsdaten
- Mindestens Tagesaktualität aller Eingaben
- Richtigkeit aller Stammdaten für Material und Lieferanten sowie Tabellen aller Art
- Fehlerfreiheit aller Ablauf- und Datenbankprogramme

Andererseits steigt die Qualität einer Information, je mehr sie sich auf das Wesentliche beschränkt. Die Kommunikation und der Informationsaustausch im Unternehmen und mit den Lieferanten sorgen möglicherweise für das nötige Feedback, um die Qualität der Informationen zu verbessern.

Durch die Aufbereitung und vor allem durch die Verteilung von bestandsrelevanten Informationen kann das Bewusstsein für die Problematik der Bestände im gesamten Unternehmen gesteigert werden.

> Eine lückenlose Bestandskenntnis bildet den Schlüssel zur langfristigen Beeinflussung der damit verbundenen Kapitalbindung und Bestandskosten.

Doch auch Steuerungsprogramme können zu einem ungewollten Bestandsaufbau führen, wenn Fehler im Dispositionsprogramm eingebaut sind, die „Stellgrößen" von den Mitarbeitern/-innen aufgrund unzureichender Sach- und / oder Methodenkompetenz nicht beherrscht oder Programm-, Mengen- und Terminänderungen im Pflegedienst nicht berücksichtigt werden. Eine laufende Pflege der Daten muss daher im Einkauf, in der Disposition und Fertigungssteuerung sowie im Vertrieb sichergestellt werden.

Gleichwohl führt in der Regel der Einsatz der Datenverarbeitung zu einer Verbesserung der Transparenz und der Informationsbasis. Dem bereits erwähnten Ziel, Bestände durch Informationen zu ersetzen, kommt man dadurch näher, auch wenn sich eine Bestandsoptimierung nicht automatisch einstellen wird:

> Die Bestandssenkungspotenziale liegen nicht im PPS- oder integrierten EDV-System, sondern in der Nutzung der Informationen zur Gestaltung des realen Betriebsgeschehens.
> Im besten Fall bilden EDV-Systeme den realen Materialfluss und Fertigungsdurchlauf ab.

Mit dem Zugang zu anderen Märkten der Welt sind die modernen Medien der Informations- und Kommunikationstechnologie im Einkauf und in der Logistik unentbehrlich geworden. Cloud Procurement[24] und neue Medien, wie beispielsweise Electronic Research-Märkte, tragen u. a. wesentlich zur Verbesserung der Informationsbasis bei; denn um Wettbewerbsvorteile zu nutzen, kauft man zunehmend international ein (Global Sourcing) oder produziert weltweit (Global Manufacturing). Damit hat Risikomanagement in Unternehmen eine andere Dimension angenommen. Strategischer Einkauf und Logistik sind verstärkt gefordert, präventiv die Sicherstellung der Versorgung des eigenen Unternehmens und damit auch des Kunden zu gewährleisten.

Wie Abbildung 12 zeigt, machen diese Änderungen es notwendig, die vielfältigen Subsysteme des Informations- und Materialflusses sorgfältig aufeinander abzustimmen. Eine umfassendere, intensivere und präzisere Koordination ist erforderlich. Zum bequemen Ausweg der erhöhten Lagerbestände kann man nicht mehr greifen!

---

[24] Siehe Schwarz, Andreas, Cloud Procurement: Software wie Wasser und Strom, in: Beschaffung aktuell, Leinfelden 2011, Nr. 1, S. 14 f.

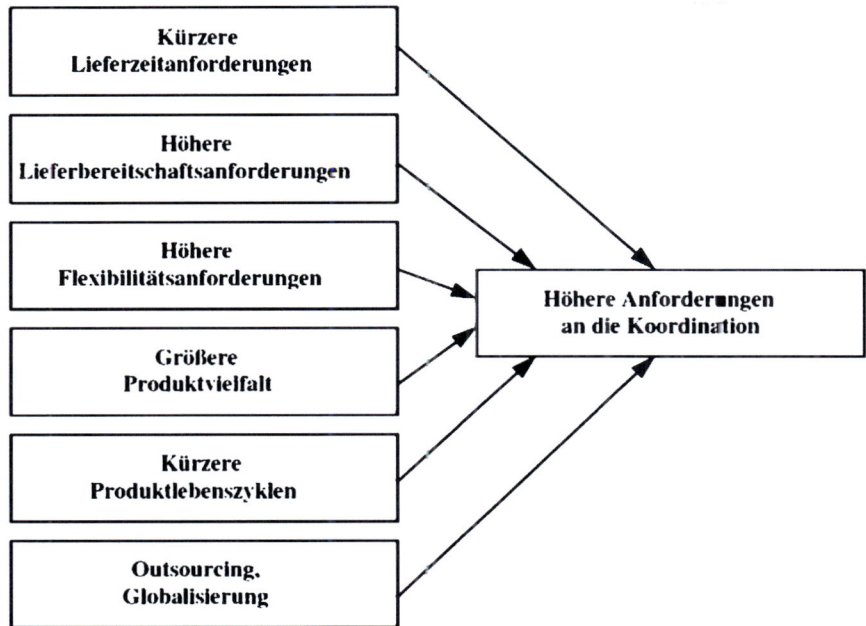

Abbildung 12: Ursachen erhöhten Koordinationsaufwandes

Mit der zeitsparenden Möglichkeit des elektronischen Datentransfers (EDI) wird die entscheidende Voraussetzung zur weltweiten Vernetzung des Einkaufs und der Logistik mit seinen Lieferanten und Dienstleistern geschaffen. „Die Digitalisierung hat das Tempo von Bestellvorgängen erheblich beschleunigt – Daten und Informationen jagen seither rund um den Globus in Sekundenschnelle und haben das Beschaffungswesen damit nicht nur temporeicher, sondern auch internationaler gemacht."

Internet- und Telefon-Konferenzen sowie Cooperative bzw. Colaborative Engineering am Bildschirm bieten die Chance zur nahtlosen Überbrückung von Zeit und Raum. Problemlösungen können auf schnellstem Wege erarbeitet werden. Die geografische Distanz bleibt nahezu ohne Einfluss. Das gilt insbesondere auch dann, wenn die Kommunikation mit den Lieferanten nicht nur per E-Mail erfolgt, sondern per Handy hergestellt wird. Denn man sollte nicht übersehen, dass

- ausschließlich das gesprochene Wort die kommunikative Nähe zum Lieferanten herstellt und
- E-Mails Ausdruck einer Verzögerungstaktik sein können.

Zusammenfassend kann die gezielte Nutzung zur Verfügung stehender zeitgemäßer Informations- und Kommunikationsinstrumente zu folgenden bestandswirksamen Vorteilen führen:[25]

- Verbesserte Möglichkeiten zur Auswahl leistungsfähiger und finanzstarker Lieferanten / Dienstleister
- Verkürzung der Bearbeitungszeit von Anfragen, Angeboten, Reklamationen u. a. m.
- Verkürzung der Reaktionszeit bei Auftreten von Problemen, Engpässen u. a. m.
- Verbesserung in der Zusammenarbeit mit strategisch wichtigen Lieferanten im Sinne einer partnerschaftlichen Kunden-Lieferantenbeziehung
- Verbesserte Möglichkeiten zur Früherkennung von Versorgungsrisiken und damit zur Einleitung von gegensteuernden Maßnahmen (z. B. Lieferantenwechsel, Umstellung in der Fertigung)
- Zugriff der Lieferanten / Dienstleister auf unternehmensinterne Bestandsdaten (z. B. bei Abschluss von Konsignationslagerverträgen und VMI)[26]
- Integration von Schlüssellieferanten in den Produktentstehungs- und -entwicklungsprozess (Verkürzung der Entwicklungs- und Durchlaufzeiten)

Insbesondere der Strategische Einkauf ist gefordert, diese Vorteile weitestgehend auszuschöpfen, da mit der Globalisierung der Kunden-Lieferantenbeziehungen sich auch gegenläufige bestandswirksame Entwicklungen ergeben, die auf längere Wiederbeschaffungszeiten und erhöhte Risiken zurückzuführen sind und zu Folgekosten[27] – neben Qualitätskosten insbesondere auch zu Bestandskosten – führen können.

---

25) Siehe Kerkhoff, Gerd, u. a. Einkaufsagenda 2020, a. a. O., S. 25.
26) Siehe im Einzelnen im Dritten Abschnitt unter Ziffer 1.1.
27) Siehe vom Verf., Wie kalkuliert Ihr Lieferant?, 3. Auflage, Gernsbach 2015, S. 102 ff.

5. Fallstudie zum ergebnisorientierten Bestandsmanagement

Ein mittelständisches Unternehmen der Elektroindustrie weist im Geschäftsjahr 2007 bei einer Bilanzsumme von 120 Mio. EUR für das abgelaufene Geschäftsjahr eine Vorratsintensität von ca. 30 % aus. Aufgrund des zunehmenden Wettbewerbs und des starken Kostendrucks strebt die Geschäftsführung im kommenden Geschäftsjahr eine Reduzierung der Vorratsintensität auf 25 % an. Die Geschäftsführung erhofft sich dadurch eine Verbesserung der Ertragssituation. (Die Umsatzrentabilität lag im zurückliegenden Geschäftsjahr bei 4 % vor Steuern!)

Das Controlling unterstützt die Geschäftsführung in ihren Zielvorstellungen, zumal in den zurückliegenden Jahren ein gezieltes Bestandsmanagement nicht verfolgt wurde. Eine klare Regelung für die Bestandsverantwortlichkeit ist bislang nicht gegeben.
In dem zu benennenden „Bestandssenkungsteam" soll auch der Einkauf vertreten sein. Dieser wurde erst in dem zurückliegenden Geschäftsjahr reorganisiert und fungiert seitdem als eine strategisch ausgerichtete Organisationseinheit. Moderne Konzepte wie Globa Sourcing und professionelles Lieferantenmanagement sind erst im Ansatz vorhanden. Die ABC-Analyse aller Lieferanten und Teile wurde erst- und einmalig vor einigen Jahren durchgeführt.

Der Kapitalumschlag lag im zurückliegenden Geschäftsjahr bei 1,5.

1. Wie hoch belaufen sich die zu erwartenden Kosteneinsparungen, wenn das Controlling einen Lagerhaltungskostensatz von 15 % vorgibt?

   Die Einsparung an Lagerhaltungskosten ist wie folgt zu berechnen:

Anfangsbestand:	30 % von 120 Mio. EUR	=	36 Mio. EUR
- Endbestand:	25 % von 120 Mio. EUR	=	30 Mio. EUR
Bestandsreduzierung			6 Mio. EUR
- Reduzierung der Bestandskosten:			6 Mio. / 2 * 15 %
		=	__450 TEUR__

   Die Cash-Analyse ergibt bei Annahme eines kontinuierlichen Lagerbestandsabbaus eine Einsparung an Lagerhaltungskosten über 450.000 EUR.

2. Wie verändert sich der Kapitalumschlag bei gleich bleibendem Umsatz?

Der Kapitalumschlag erhöht sich von 1,5 auf

$$K_{U(Plan)} = \frac{180}{120 - 6} = \frac{180}{114} = \underline{1{,}57}$$

3. Wie könnte sich die Umsatzrentabilität verändern, wenn das Controlling für die Verzinsung der Bestände einen Verrechnungssatz von 15 % zugrunde legt?

$$U_{R(IST)} = 4\ \%$$

$$= \frac{7{,}2}{180} * 100$$

$$= \frac{7{,}2 + 0{,}45}{180} * 100$$

$$= \frac{7{,}65}{180} * 100$$

$$= \underline{4{,}25\ \%}$$

(Das Ergebnis entspricht einer Steigerung der Umsatzrentabilität um ca. 6 %!)

4. Welche liquiditätswirksamen Auswirkungen hat die Bestandssenkung?

Da sich die Bestandsreduzierung auf 6 Mio. EUR beläuft, ist in gleicher Höhe Liquidität freigesetzt worden. Dabei ist zu bedenken, dass diese Liquiditätsverbesserung im Zeitablauf erfolgte.

Zweiter Abschnitt

Bestandsanalyse und -planung der Bestände als Voraussetzung zielorientierter Bestandsoptimierung

Aus den bisherigen Ausführungen ist erkennbar geworden, dass es sich lohnt, über Bestandsoptimierungsmaßnahmen in den Bereichen Einkauf und Logistik / Disposition nicht nur nachzudenken, sondern diese gezielt und konsequent durchzusetzen. Dabei ist das Bestandsmanagement auf eine enge Zusammenarbeit mit den verschiedenen bestandsverursachenden Bereichen angewiesen. Bevor man aber an die Ausführung eines in sich abgestimmten Bestandssenkungsprogramms geht, sollte die Zusammensetzung der Bestände analysiert werden. Dabei kann auf einen angepassten Feinheitsgrad nicht verzichtet werden.

- Ein grober Fehler, der immer wieder in der Praxis gemacht wird, ist es, undifferenziert eine allgemeine Bestandssenkung um einen bestimmten Prozentsatz über alle Materialpositionen hinweg zu verordnen.

Bestandssenkungsappelle gleichen dann dem vergeblichen Anrennen von Don Quijote gegen die Windmühlen (Abbildung 13).

Abbildung 13: Bestandssenkungsappelle – ein vergeblicher Kampf

> Um langfristig Erfolge zu erzielen, sollte man daher zumindest die ABC-Analyse und in Ergänzung dazu auch die XYZ-Analyse einsetzen.

1. ABC- und XYZ-Analyse als Instrumente zur Strukturierung der Bestände

1.1. Die Vorteile der ABC-Analyse zur Strukturierung des Materialspektrums sind unverkennbar

Die bekannteste Möglichkeit, das Materialienspektrum im Hinblick auf ein anforderungsgerechtes Bestandsmanagement und -controlling zu strukturieren, stellt die ABC-Analyse dar. Die Vorteile der ABC-Analyse sind

- einfache Anwendbarkeit
- Rückgriffsmöglichkeit auf in der Regel bereits vorhandene Daten
- Standard ABC-Analysen stehen meistenteils beim Einsatz von ERP-Systemen zur Verfügung

Die Einteilung in drei Klassen lässt sich mit einfachsten Rechenmethoden durchführen. Allerdings ist diese Art der Klassifizierung sehr grob. Deshalb sollte man nach einer ersten groben Analyse weiter ins Detail gehen und die Einteilung auf vier Klassen oder mehr erweitern.

Für das häufig untersuchte Mengen-Wert-Verhältnis von Materialien führt die Analyse in der Regel zu dem in Abbildung 14 wiedergegebenen Ergebnis: Während eine kleine Anzahl Artikel einen großen Anteil am gesamten Materialwert aufweist, ist der Wertanteil der meisten Artikel sehr gering.

Materialgruppe	Prozent der Materialposition		Wertanteil in %	
	selektiv	kumulativ	selektiv	kumulativ
A	7,0	7,0	77,4	77,4
B	15,0	22,0	16,1	93,5
C	78,0	100,0	6,5	100,0

Abbildung 14: Typisches Ergebnis einer ABC-Analyse

Dieses Ergebnis ist – wie gesagt – für die meisten Industriebetriebe typisch. Allerdings ist aus der ABC-Verteilungskurve (s. Abbildung 15) deutlich erkennbar, dass noch A-Artikel schon fast B-Artikel sein könnten, da der Übergang „fließend" ist. Gleichfalls könnten beispielsweise die A-Artikel weiter differenziert werden.

Materialien der **Klasse A** haben in der Regel einen mengenmäßigen Anteil von 5 - 10 % und einen wertmäßigen Anteil von 70 - 80 %. Sie sind damit die wichtigsten und haben das größte Potenzial zur Bestandsoptimierung.

Materialien der **Klasse B** haben einen mengen- und wertmäßigen Anteil von 15 - 25 %. Solche der **Klasse C** haben einen mengenmäßigen Anteil von 70 - 80 % und einen wertmäßigen Anteil von 5 - 10 %. C-Materialien kommen also am häufigsten vor. Allerdings steuern sie den bei Weitem kleinsten Wert. In diesem Fall geht es vor allem um eine Verringerung des Abwicklungsaufwandes durch die Implementierung schlanker Lösungen z. B. E-SRM.

Ein generelles Problem bei der Durchführung der ABC-Analyse besteht in der Festlegung der wertmäßigen Klassifizierungsgrenzen. Grundsätzlich sind weder die Anzahl der Klassen (ABC) noch die Klassengrenzen (A = 75 %, B = 20 %, C = 5 %) vorgegeben. Aus der in Abbildung 15 dargestellten ABC-Verteilungs-kurve – auch Lorenz-Kurve genannt – ist der fließende Übergang zwischen den einzelnen Wertklassen abzuleiten. So könnten „noch" A-Materialien auch als „schon" B-Materialien angesehen werden.

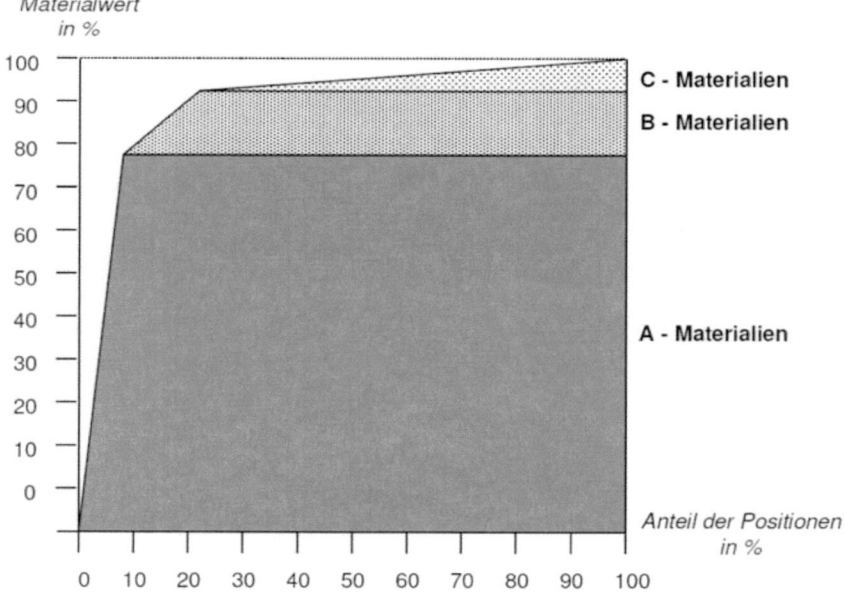

Abbildung 15:   ABC-Verteilungskurve (Lorenzkurve)

Die Festlegung der Grenzen bei bestimmten kritischen Wertanteilen ist somit eine subjektive Entscheidung und lässt sich je nach Verwendungszweck differenziert vornehmen.

Festzuhalten ist:

> Bei entsprechendem Artikelumfang kann es durchaus sinnvoll sein, eine weitere Differenzierung vorzunehmen, um gezielte Bestandspolitik zu betreiben. Darüber hinaus sind strategisch wichtige Materialien oder Materialgruppen unabhängig von ihrer Wertigkeit stets gesondert zu behandeln.

Durch die ABC-Analyse soll eine Konzentration auf die wesentlichen Vorgänge der Supply Chain erreicht werden. Ziel ist es, das Wesentliche vom Unwesentlichen zu trennen. Die Aktivitäten sollen schwerpunktmäßig auf den Bereich hoher wirtschaftlicher Bedeutung gelenkt werden (A-Materialien), und gleichzeitig soll der Aufwand in den übrigen Bereichen durch Vereinfachungsmaßnahmen gesenkt werden.

Die vorrangige Behandlung von A-Materialien kann sich in

- programmgesteuerten Bedarfsermittlungsverfahren
- einer genauen Bestandsführung und -überwachung
- einer intensiven Marktbeobachtung
- dem Abschluss von Rahmenverträgen mit besonders leistungsfähigen Lieferanten

ausdrücken.

Die Kostenstrukturen bei A-Materialien sind genauestens zu überwachen und die Abwicklung sollte im Rahmen schlanker Lösungen (z. B. Just in Time- oder Just In Sequenze-Lieferung) erfolgen, da es sich im Regelfall um komplexe Module und / oder Systeme handelt.

Für die B-Materialien ist eine differenzierte Vorgehensweise bei der Verarbeitung sinnvoll. Beispielsweise könnte über jede mittelwertige Materialgruppe und innerhalb einer Materialgruppe über jedes Material separat hinsichtlich der weiteren Vorgehensweise entschieden werden.

Unter Umständen ist es zweckmäßig, die B-Materialien in B1 und B2 zu unterscheiden. Dabei könnten beispielsweise die höherwertigen B1-Materialien analog den geringwertigeren A-Materialien behandelt werden.[28]

Die **C-Materialien** stellen geringwertige Materialien dar, bei deren Handhabung die Arbeitsvereinfachung und Aufwandsreduzierung in den Vordergrund gestellt werden sollten. C-Materialien sind „Renditefresser".[29] Die Prozesskosten sind überproportional hoch. Sie binden Kapazitäten und verursachen ca. 60 % aller Bestellvorschläge. Als Strategien kommen in erster Linie E-Procurement und Outsourcing durch Einschaltung von Dienstleistern in Frage. Auch bei C-Materialien kann es u. U. sinnvoll sein, eine feinere Unterteilung in C1 und C2 vorzunehmen.

1.2. Die XYZ-Analyse als Folgeanalyse zur Klassifizierung der Materialien nach ihrer Verbrauchsstruktur

Die ABC-Analyse stellt eine Primäranalyse dar. Auf ihrer Basis können Folgeanalysen, sog. Sekundäranalysen, wie beispielsweise die Segmentierung oder XYZ-Analyse durchgeführt werden. Mit Hilfe der XYZ-Analyse analysiert man die Gewichtung der Materialien nach ihrer Verbrauchsstruktur, d. h. für jedes Teil wird eine Verbrauchsschwankungskennzahl ermittelt. Je nachdem wie der Verbrauch eines Teils sich darstellt, wird es einer der drei Klassen XYZ zugeteilt. Im Einzelnen ist die Klassifizierung wie folgt:

- **X-Materialien:**
  Konstanter Verbrauch, nur gelegentliche Schwankungen, hohe Vorhersagegenauigkeit;

- **Y-Materialien:**
  Mäßige Verbrauchsschwankungen mit zumeist trendförmigem oder saisonalem Verbrauchsverlauf, mittlere Vorhersagegenauigkeit;

- **Z-Materialien:**
  Unregelmäßiger Verbrauch, niedrige Vorhersagegenauigkeit.

---

28) Die ABC-Verteilungskurve (Abbildung 15) veranschaulicht eindeutig den fließenden Übergang von den geringwertigeren A-Materialien zu den höherwertigeren B-Materialien.
29) Siehe Hoppe, Marc, Bestandsoptimierung mit SAP, 2. Auflage, Walldorf 2008, S. 59

Als Merkmalsausprägung kann der Schwankungskoeffizient herangezogen werden. Dieser reagiert sehr empfindlich, wenn plötzlich Bedarfseinbrüche nach oben oder unten erfolgen. Er ist bei jedem Rechnerlauf neu zu errechnen. Dabei kann folgende Formel verwendet werden:[30]

- $SQ_i = \dfrac{n * SQ_{i-1} + 1{,}25 * (1 - \dfrac{T_i}{V_i})}{n + 1}$

- SQ = Schwankungskoeffizient

n = Faktor zur Gewichtung für bisher gültige SQ's
T = tatsächlicher Verbrauch (= durchschnittlicher Verbrauch von z. B. 6 Monaten)
V = Vorhersagewert
i = laufende Periode

Um die Einbrüche klassifizieren zu können, werden die SQ-Werte des Vormonats und des laufenden Monats verglichen und die absoluten Abweichungen ermittelt. Die absoluten Abweichungen (SQ-ABW) werden wie bei der ABC-Analyse in absteigender Reihenfolge sortiert und klassifiziert. Die Grenzen der Klassifizierung können aber auch direkt über den SQ-Wert festgelegt werden (vgl. Tabelle 4).[31]

Kennzeichnung	SQ-Wert	SQ-Abweichung
X-Artikel	≤ 1.0	≤ 0.3
Y-Artikel	≤ 5.0	≤ 1.0
Z-Artikel	> 5.0	> 1.0

Tabelle 4: Mögliche Parameter für die XYZ-Analyse

---

30) Es sind auch andere Verfahrensregeln denkbar und in der Praxis anzutreffen. So kann als Merkmalsausprägung auch der Verfahrenskoeffizient V herangezogen werden. Dieser gibt die relative Streuung der Verbrauchswerte eines Artikels um dessen mittleren Verbrauch und damit seine Vorhersehbarkeit an.
31) Siehe vom Verf., Materialwirtschaft, a.a.O., S. 181 ff.

Wenn eine entsprechende Software – z. B. SAP – zur Verfügung steht, kann im Sinne der XYZ-Analyse eine Klassifizierung der Artikel auf der Grundlage der mittleren absoluten Abweichung (MAA) – auch abgekürzt MAD (Medium Absolut Diviation) bezeichnet – erfolgen.[32]

1.3. Kombinierte ABC-XYZ-Analyse als Optimierungskonzept

Die Zusammenführung der Ergebnisse der ABC- und XYZ-Analyse führt zu einer Matrix mit neun verschiedenen Artikelklassen. Es wird damit eine für jede Materialklasse spezifische Vorgehensweise im Rahmen des Bestandsmanagements ermöglicht. Erfahrungen der Praxis zeigen, dass dadurch erhebliche Bestandsreduzierungs- bzw. -optimierungspotenziale aufgedeckt werden. So sind bestandspolitisch

- **AZ-Materialien** (hoher Verbrauchswert / geringe Vorhersagegenauigkeit) als besonders kritisch zu betrachten. Auf diese Gruppe sollten Einkäufer und Disponenten ein besonderes Augenmerk richten. Es kommt in diesem Fall auf eine vertrauensvolle Zusammenarbeit mit leistungsfähigen Lieferanten an, die sich insbesondere durch ein hohes Maß an Flexibilität und Zuverlässigkeit auszeichnen. Darüber hinaus sollte ein intelligentes Überwachungssystem zur Verfügung stehen, das den Disponenten automatisch auf Ausnahmesituationen aufmerksam macht.

- **AX-Materialien** (hoher Verbrauchswert / hohe Vorhersagegenauigkeit) für die Umsetzung von Just in Time-Konzepten besonders geeignet. Grundsätzlich gibt es bei den AX-Materialien das größte Bestandsoptimierungspotenzial, da einerseits der Verbrauch und andererseits der Wert am höchsten sind.

- **CX-Materialien** (geringer Verbrauchswert / hohe Vorhersagegenauigkeit) für die Realisierung von Outsourcing-Maßnahmen in besonderem Maße geeignet.

---

[32] Die XYZ-Analyse ist im SAP ERP Standard nicht vorhanden. Siehe Hoppe, Marc, Bestandsoptimierung mit SAP, a. a. O., S. 83 – Auf die mittlere Absolute Abweichung wird im Einzelnen im Dritten Abschnitt unter Ziffer 2.5. im Zusammenhang mit der dynamischen Sicherheitsbestandsbildung eingegangen.

Darüber hinaus hat der Produktlebenszyklus Einfluss auf die ABC- / XYZ-Klassifizierung. Es ist daher darauf zu achten, dass ein Material während des Lebenszyklus die Klasse wechseln kann, weil sein Verbrauchsverhalten sich ändert. Jedes Material unterliegt dabei einem Produktlebenszyklus. Dieser hat Einfluss auf das Verbrauchsverhalten und damit auch Einfluss auf die ABC- und XYZ-Klassifizierung.[33]

1.4. Die Reichweitenanalyse als Mittel zur differenzierten Bestandssteuerung

Neben der notwendigen Teilestrukturierung nach ABC- und XYZ-Kriterien sollte auch die jeweilige Reichweite der einzelnen Artikelpositionen untersucht werden. Diese gibt die Zeit wieder, für die ein stichtagsbezogener Lagerbestand bei einem durchschnittlichen geplanten Materialverbrauch pro Zeiteinheit (Tag, Woche oder Monat) ausreicht oder ausreichen soll. Demnach lautet die Kennzahl:

- Reichweite = $\dfrac{\text{Lagerbestand am Stichtag}}{\text{durchschnittlicher Verbrauch pro Zeiteinheit}}$

Diese Kennzahl dient zur Planung und Kontrolle der Lagerbestände. Sie zeigt die innere Versorgungssicherheit durch die Lager an, wobei die Frage der Angemessenheit über einen Soll-Ist-Vergleich zu untersuchen ist.

Die Erfassung der Reichweiten sollte innerhalb eines Geschäftsjahres in zeitlichen Abständen von drei Monaten oder auch monatlich erfolgen. Dabei genügt die Erfassung der A-Artikel und höherwertigeren Artikel sowie besonders kritische Positionen. Mithilfe dieser Positionen kann – wie unter Ziffer 1.1. in diesem Abschnitt bereits erwähnt – ein Bestandsvolumen von 70 % bis etwa 80 % erfasst werden.[34]

---

33) Ein Produktlebenszyklus besteht aus fünf Phasen: Einführungs-, Wachstums-, Reife-, Sättigungs- und Degenerationsphase.
34) Der gebräuchlichste Standard zur Bestandssteuerung ist in der Praxis die Soll-Lagerreichweite, die im Vierten Abschnitt unter Ziffer 3. behandelt wird.

Als ergänzender Schritt kann die Analyse verfeinert durchgeführt werden. In der Regel ist es sinnvoll, folgende Bestände getrennt zu betrachten:

- Ersatzteile: Diese unterliegen gegenüber Teilen oder Artikeln des aktuellen Produktions- oder Verkaufsprogramms anderen Bedingungen.
- Saisonartikel: Die Jahreszyklus-Kurven saisonal beeinflusster Artikel oder Teile sind im Rahmen der Analyse zu beachten. Von Vorteil ist es, wenn derartige Artikel im Artikelstamm gekennzeichnet sind. In diesem Fall könnten die Artikel aussortiert und getrennt beurteilt werden.
- Überbestände auf der Basis bekannter Ursachen: In diese Kategorie fallen beispielhaft Artikel, für die Sonderaktionen mit aggressiver Werbung durchgeführt werden.

Grundsätzlich sollten bei der Ermittlung der Reichweiten folgende Fragen beantwortet werden:

- Welche Periode soll ausgewertet werden (Tag, Woche oder Monat)?
- Über welchen Zeitraum sollen die Verbrauchswerte berechnet werden?
- Soll der durchschnittliche Verbrauch aus Vergangenheitswerten oder aus zukünftigen Bedarfen berechnet werden?

Im Rahmen der Reichweitenanalyse und -bewertung der Ergebnisse ist es in jedem Fall sinnvoll, den Bestandsreichweiten die artikelspezifischen Wiederbeschaffungszeiten gegenüberzustellen, um Überstände und / oder mögliche Stock-Out-Situationen frühzeitig zu erkennen.[35]

---

[35] Siehe im Einzelnen, Hoppe, Marc, Das Bestandscontrolling, a. a. O., S. 647 ff.

1.5. Die Altersstrukturanalyse

Bei der Bestandsaufnahme eines Lagers kann die Reichweitenanalyse sinnvoll durch eine Altersstrukturanalyse ergänzt werden. Das Ziel dieser Analyse besteht – wie im Ersten Abschnitt unter Ziffer 4.2. bereits erwähnt – darin, die Bestände mit bestimmten Bewegungskennziffern zu klassifizieren. Man kann z. B. unterscheiden in die Kategorien

- laufende Bewegungen
- ohne Bewegung seit drei Monaten
- ohne Bewegung seit sechs Monaten
- ohne Bewegung seit zwölf Monaten usw.

Anhand dieser Einteilung kann sodann entschieden werden, ab welcher Grenze Artikel als Lagerhüter definiert werden. Danach müssen Maßnahmen getroffen werden, diese zu beseitigen.

Zur Erleichterung der ständigen Bestandsüberwachung empfiehlt sich die Einführung von solchen Bewegungskennziffern im Artikelstammsatz. Falls eine Festlegung der Lagerhüter allein anhand einer Altersstrukturanalyse als unzureichend angesehen wird, kann mit Hilfe einer Reichweitenanalyse der Kreis der in Frage kommenden Artikel genauer definiert werden.

1.6. Analyse der Varianten- und Teilevielfalt

Auf das Problem der Bestandsausweitung durch die Entwicklung wird häufig wenig geachtet. Die kundenorientierte Ausrichtung der Produktpalette führt jedoch in der Regel zu einer Ausweitung der Varianten- und Teilevielfalt und vernachlässigt notwendige Standardisierungsbemühungen, obwohl vorbeugende Maßnahmen für eine Bestandssenkung wirksamer als die nachträgliche Eliminierung von Teilen sind.

- Es sollte in der Frühphase der Entwicklung verhindert werden, dass neue Varianten entstehen. Insofern trägt der Entwicklungsbereich bei der Einführung neuer Produkte und bei der laufenden Modernisierung der Produktpalette eine hohe Bestandsverantwortung.

Bis zur Erreichung eines idealen Lagerumschlags sollte sich jedes Unternehmen die folgende Prämisse zu eigen machen:

- Vor Einführung neuer Materialien müssen diese von einem Expertenteam aus Entwicklung, Fertigung, Einkauf, Lagerwirtschaft und Qualitätssicherung wertanalytisch geprüft und anerkannt werden. Der Fortfall von Materialien bisheriger Spezifikation ist gleichzeitig zu beschließen.

Dieser Aspekt wird umso deutlicher, wenn man die Kosten für die Öffnung und die laufende Betreuung einer Teilenummer berücksichtigt. Die Anzahl exklusiver Teile, d. h. von Teilen, die nur in genau eine übergeordnete Baugruppe oder in ein Endprodukt eingehen, ist daher niedrig zu halten.

Bei der nachträglichen Reduzierung der Variantenvielfalt darf nicht planlos vorgegangen werden. Der Ablauf einer Eliminierung von Varianten ist in Abbildung 16 dargestellt.

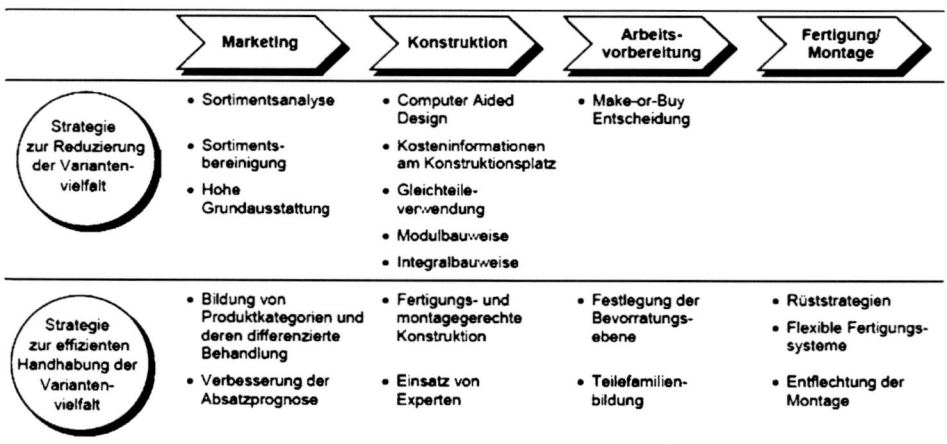

Abbildung 16: Die Variantenvielfalt reduzieren und beherrschen

Zunächst müssen die angebotenen Varianten durch eine Sortimentsanalyse überprüft werden. Bei dieser Analyse geht es um die Erfassung der für einen bestimmten Umsatz benötigten Artikel. Der Bedarf wird auf einen bestimmten Umsatzwert (z. B. 1 Mio. EUR) bezogen, um ihn über verschiedene Produktgruppen vergleichbar zu machen. Ziel dabei ist die Ermittlung der Produktgruppen mit dem höchsten Artikelbedarf.

In einem weiteren Schritt werden die einzelnen Produktgruppen genauer untersucht. Dabei empfiehlt es sich, den Beitrag der einzelnen Varianten zum Umsatz und den Deckungsbeitrag durch eine ABC-Analyse der verkauften Varianten zu erfassen. Diese Umsatzaufteilung sollte einer Aufstellung der Bestände gegenübergestellt werden. Diese Auswertung kann zu dem Ergebnis führen, dass Varianten wesentlich mehr Bestände verursachen als ihr Anteil am Umsatz zulässt.

Daraus müssen Rückschlüsse für die Produktpolitik gezogen werden.

Ladenhüter müssen entweder aus dem Programm eliminiert oder als Exoten angeboten werden. Die Einteilung der Produkte erfordert eine spezifische Kalkulation, da eine pauschale Zuschlagskalkulation dazu führt, dass Vorzugsprodukte zu teuer und Exoten zu billig verkauft werden.

Ein weiteres Mittel zur Reduzierung der Variantenvielfalt ist – wie bereits erwähnt – die Standardisierung. Einen entscheidenden Beitrag zur Standardisierung kann eine fertigungs- und montagegerechte Konstruktion leisten.

Vorschläge zur Standardisierung gehen in der Regel auch vom Materiallager aus. Durch eine enge Auslegung von Maßen, Toleranzen und Legierungen, oft außerhalb der DIN-Norm, wird eine Inflation von Artikeln hervorgerufen.

2. Planung der Bestände

Eine straffe Bevorratung verlangt nach permanenter Bestandssteuerung und eingehender Bestandsanalyse. Die nachfolgend beschriebenen Schritte können dabei Bestandteil einer fundierten Bestandsplanung sein:

2.1. Schwachstellenanalyse

Die Schwachstellenanalyse ist eine der wichtigsten Bestandteile im Planungsprozess, da hier Problembereiche und Optimierungspotenziale aufgezeigt werden. Ehe man Gegenmaßnahmen ausarbeitet, müssen die Schwachstellen sorgfältig analysiert und gewichtet werden. Dabei kommt es darauf an, dass man alle Stellen / Bereiche erfasst, die auf Bestands- und Kostenentwicklung Einfluss nehmen.[36)]

Dazu gehören vor allem die Verantwortungsbereiche

- Vertrieb
- Disposition und Fertigungssteuerung
- Einkauf
- Lager
- Distribution
- Entwicklung und Konstruktion

Des Weiteren ist es wichtig, die Schwachstellenermittlung systematisch anzugehen, d. h. sich vorher ein Fragenkonzept für notwendige Interviews zu erarbeiten. Wie ein solches Konzept aussehen könnte, zeigen die Checklisten unter Ziffer 3. in diesem Abschnitt.

Um den Handlungsbedarf einzugrenzen, ist es absolut notwendig, die Schwachstellen im Hinblick auf folgende Punkte zu beurteilen:

- Wichtigkeit (z. B. Grad der Kundenzufriedenheit oder Höhe des Deckungsbeitrages)
- Einsparungs- oder Verbesserungspotenziale
- zeitlicher Aufwand für eine vertiefende Untersuchung und Umsetzung
- finanzieller Aufwand für eine Umsetzung

Die Konzentration auf das wirklich Wesentliche ist hier essenziell für die weitere Vorgehensweise.

---

36) Siehe auch im Ersten Abschnitt unter Ziffer 1.2. und 1.3.

2.2. Planung von Verbesserungsmöglichkeiten

Im nächsten Schritt werden für jede Ursache ein oder mehrere Lösungsansätze aufgezeigt. Dabei sollte man in Alternativen und Varianten planen und alle Varianten auch auf ihre Funktionalität genauestens prüfen und bewerten. Sofern ein Lösungsansatz nicht gegeben oder situationsbedingt (z. B. aufgrund fehlender Finanzmittel) nicht mehr realisiert werden kann, ist der Handlungsbedarf festzuschreiben.

3. Instrumentarien der Schwachstellenanalyse (Checklisten)

Checklisten haben im Rahmen der Schwachstellenanalyse den Sinn, eine Systematisierung in der Vorgehensweise zu erreichen. Die nachfolgenden Fragenkomplexe können dabei nur eine grobe Leitlinie bieten und haben keineswegs den Anspruch auf Vollständigkeit. Letztendlich entscheidend für Verbesserungsmaßnahmen sind die unternehmensspezifischen Schwachstellen.

3.1. Fragenkomplex „Vertrieb"

Checkliste

1. Wie viele Verkaufsartikel gibt es je Artikelgruppe?
2. Wie schlagen sich die einzelnen Produkte je Zeiteinheit um?
3. Wie hoch ist der Deckungsbeitrag der Produkte oder Sortimente?
4. Unterliegt die Absatzplanung häufigen Veränderungen?
5. Woher werden die Absatzzahlen abgeleitet?
   - Vergangenheitswert und Trend zu ... %
   - Eigener Außendienst zu ... %
   - Marktforschungsinstitute zu ... %
   - Sonstige zu ... %
6. Unterliegen die Absatzmengen starken periodischen Schwankungen?
7. Welchem Bereich untersteht die Absatzplanung?
8. Erfolgt eine Abstimmung der Absatzplanung mit den Kapazitäten der Produktion?
9. Welche Ziele werden hinsichtlich Sortimentserweiterung verfolgt?
10. Welche Liefererwartungen haben die Kunden?
    - gleichbleibend
    - immer kleinere Mengen
    - immer kürzere Lieferzeiten
    - Sonstige (z. B. Just in Time)
11. Sind Kunden zu einer längerfristigen Vertragsbindung mit Bedarfsplanung bereit?
12. Lassen sich Kunden durch die Einrichtung eines Konsignationslagers mit akzeptablem Umschlag gewinnen und längerfristig binden?
13. Können mit Hilfe der F&E-Abteilung durch technische Kundenberatung die Absatzchancen und damit die Planung verbessert werden?
14. Ist eine vertraglich abgesicherte Vorratsproduktion und JiT-Belieferung mit bestimmten Kunden möglich?

15. Welche Erwartungen hat der Vertrieb gegenüber der Fertigung hinsichtlich
    - Flexibilität?
    - Termintreue?
    - Qualitätsniveau?
    - Sonstiges?

Erläuterungen

Die Abstimmung der Absatzplanung mit allen Schnittstellenbereichen, die Verbesserung des Informationsflusses mit der Zielrichtung eines durchgängigen und umfassenden Planungs- und Produktionsprozesses sowie Trendinformationen sind dazu geeignet, die nachgelagerten Stellen in der Logistikkette in die Lage zu versetzen, sich frühzeitig veränderten Marktsituationen und Kundenerwartungen anzupassen.

Der Verkauf ist gleichermaßen gefordert, den Kunden logistische Lösungen (siehe Checkliste) anzubieten, die für beide Parteien Kostensenkungen und bessere Planung ermöglichen.

3.2. Fragenkomplex „Disposition[37] und Fertigungssteuerung"

Checkliste

1. Erfolgt eine Abstimmung zwischen Absatz- und Kapazitätsplanung?
2. Welche Konsequenzen werden bei Unstimmigkeiten gezogen?
3. Wann müssen spätestens die Kundenspezifikationen zur pünktlichen Planerfüllung vorliegen?
4. Sind alle Durchlaufzeiten bekannt und werden sie bei der Planung berücksichtigt?
5. Sind die in den Arbeitsplänen und im EDV-System gespeicherten Fertigungs- und Rüstzeiten auf dem aktuellen Stand?
6. Werden für Zeiten mit Spitzenbedarf Unterlieferanten eingeschaltet?
7. Sind die wichtigsten Engpass-Maschinen bekannt?
8. Welche Servicegrade je Produkt bzw. Produktgruppe werden derzeit gefordert bzw. erfüllt?

[37] Siehe dazu die detaillierten Ausführungen im Dritten Abschnitt.

9. Welche Reichweiten haben die Bestände?
    - A-Artikel
    - B-Artikel
    - C-Artikel
    - Roh-, Hilfs- und Betriebsstoffe
    - Halbfabrikate
    - Fertigerzeugnisse
    - Handelswaren
10. Gibt es eine verbindliche Vorratspolitik?
11. Welche Verfahren der Bedarfsrechnung werden eingesetzt?
    - deterministische (Auflösung aus Plänen / Aufträgen)
    - stochastische (Errechnung aus Vergangenheitsdaten oder Prognosen)
    - nach „Gefühl" („Intuition")
12. Welche Dispositionsverfahren finden Anwendung?
    - Bestellpunktdisposition (manuell)
    - Bestellpunktdisposition (maschinell)
    - plangesteuerte Disposition
13. Welche Losgrößenverfahren kommen zum Einsatz?
    - periodische Berechnung
    - Optimierung nach der klassischen Losgrößenberechnung
    - Verfahren der dynamischen Losgrößenoptimierungsrechnung
14. Gibt es Reservierungsmöglichkeiten im System, wodurch eine kurzfristig und definitiv benötigte Materialmenge blockiert wird und den freien Bestand rechnerisch reduziert?
15. Wird Terminsicherung wahrgenommen? (Mit welchen Methoden?)
16. Wie werden Sicherheitsbestände und / oder -zeiten festgelegt?
    - geschätzt
    - nach Wertigkeit, Beschaffungszeit u. a. m.
    - errechnet nach Prognosefehler (mittlere absolute Abweichung) u. a. m.
17. Wie werden Konsignations- und Fremdlagerbestände überwacht und disponiert?
18. Werden die Dispositionsverfahren gezielt auf der Grundlage einer ABC- / XYZ-Analyse eingesetzt?

19. Sind Bestellmengen und Bestelluntergrenzen festgelegt und werden diese auch regelmäßig gepflegt?
20. Verfügen die Disponenten über Bestandsinformationen (Kennzahlen)?
21. Welchem Bereich unterstehen:
    - Disposition?
    - Fertigungsplanung?
    - Fertigungssteuerung?
22. Liegen in diesem Unterstellungsverhältnis Ursachen für etwaige Pro-bleme im Informationsfluss?
23. Erfüllt die Disposition auch die Aufgaben der Bestellung (Abruf) und Bestellabwicklung?

Erläuterungen

Die Antworten auf diesen Fragenkomplex sollen die Schwachstellen herausfiltern, die eine abgestimmte und zielorientierte Vorratspolitik verhindern. Erfahrungsgemäß bietet gerade dieser Komplex die erfolgversprechendsten Ansatzpunkte zur Bestandsoptimierung, wobei es vor allem darum geht, effiziente und flexible Verfahren einzusetzen und die Mengen- und Terminverantwortung schnittstellenfrei zu regeln.

3.3. Fragenkomplex „Einkauf"

Checkliste

1. Existiert eine umfassende Übersicht über alle potenziellen Lieferanten?
2. Werden für alle Einkaufsartikel gültige Angebote verwaltet?
3. Werden die Wiederbeschaffungszeiten regelmäßig gepflegt?
4. Nach welcher Methode werden Bedarfsanforderungen dem abwickelnden Einkauf oder der Disposition übermittelt?
    - Automatisch täglich Online am Bildschirm?
    - Durch täglichen Ausdruck der Anforderungen aus dem System?
    - Durch manuell erstellte Bedarfsmeldung?

5. Enthalten die Bestellanforderungen – sofern erforderlich – einen Freigabevermerk der Disposition?
6. Stehen dem Einkauf Informationen im System zur Verfügung, die auf Variationsmöglichkeiten beim Einkauf hinweisen?
   - Verschiedene Lieferanten?
   - Packungsgrößen?
   - Lieferzeiten?
7. Welche interne Bearbeitungszeit benötigt der Einkauf bis zum Eintreffen der Bestellung beim Lieferanten
   - für Anforderungen mit abgespeicherten und lieferbereiten Lieferanten?
   - für Anforderungen, die eine Angebotseinholung erforderlich machen?
   - für Anforderungen mit Abschlussverhandlungen?
   - für Abrufe aus Rahmenvereinbarungen?
8. Wie viel % aller Bestellungen werden per E-Mail oder EDI den Lieferanten zugestellt?
   - durch Faxen oder ausgedruckte Bestellungen, durch E-Mail
   - automatisch aus dem EDV-System
9. Lassen sich Bestellungen und Bestellabrufe am Bildschirm im Dialog durch Verknüpfen der Lieferanten-, Material- und Angebots- bzw. Vertragsdaten automatisch erstellen?
   - wie viel % aller Bestellungen
   - Gründe für die nicht gegebene Möglichkeit beim Rest
10. Haben Disposition, Lager und die Vertriebsabwicklung Zugriff auf aktuelle Einkaufsdaten?
11. Wird überwiegend eingekauft bei:
    - Stammlieferanten?
    - preisgünstigsten Lieferanten?
    - Partnerlieferanten?
12. Werden (potenzielle) A-Lieferanten vor Vertragsabschluss hinsichtlich ihrer Leistungsfähigkeit überprüft durch
    - Fragebogen?
    - Auditierungen?

13. Welche Versorgungsstrategien werden praktiziert:
    - Just in Time / Just in Sequence?
    - Ship-to-Line (Qualitätssicherung beim Lieferanten)?
    - Konsignationseinkauf (Bereitstellung über Konsignationslager)?
14. Wird Wertanalyse mit Lieferanten praktiziert?
15. Wird die Erschließung neuer Bezugsquellen im Sinne von Global Sourcing aktiv betrieben?
    - in Osteuropa
    - in Asien
16. Hat eine enge Zusammenarbeit mit den strategisch wichtigsten Lieferanten absolute Priorität?[38]
17. Werden strategisch wichtige Lieferanten (sog. „Schlüssellieferanten") frühzeitig in den Produktentstehungs- und -entwicklungsprozess integriert?
18. Wird eine Optimierung des Lieferantenportfolios konsequent verfolgt?
    - Durch Bündelung der Bedarfe
    - durch C-Teile-Management
    - durch Konzentration der Bedarfe an geringwertigen Artikeln auf Dienstleister
    - durch Modularisierung (Entwicklung eines technisch leistungsfähigen Teilelieferanten zum Systemlieferanten)
19. Wie wirkt sich der technische Änderungsdienst auf laufende Bestellungen aus?
20. Ist der Einkauf der Geschäftsführung oder einem anderen Bereich unterstellt?
21. Führt das Unterstellungsverhältnis zur Einschränkung des Handlungs- und Entscheidungsspielraums?
22. Erfüllt der Einkauf (noch) die dispositive Aufgabe der Terminüberwachung oder ist diese dem Operativen Einkauf bzw. der Disposition zugeordnet?
23. Ist der Einkauf in Teams integriert (z. B. Zusammenarbeit mit der Entwicklung, Konstruktion, Fertigung etc.)?

---

[38] Siehe dazu unter Ziffer 2. im Ersten Abschnitt.

Erläuterungen

Eine bedarfsorientierte Einkaufspolitik ist der Schlüssel zu einer „schlanken Vorratspolitik". Sinn der genannten Fragen ist es daher, herauszufinden, ob alle sich bietenden Beschaffungsvorteile auch international wahrgenommen werden.

Darüber hinaus lassen die Antworten auf die gestellten Fragen Rückschlüsse zu, ob die Organisationsform des Einkaufs auf eine höhere Leistungseffizienz ausgerichtet ist.

Eine Reihe von Fragen zielt bewusst auf die Bearbeitungszeit im Einkauf ab. Wird die Möglichkeit der Automatisierung und der elektronischen Datenverarbeitung (EDI) nicht oder nur ungenügend genutzt, dann schlagen sich zwei bis drei Wochen sofort in entsprechend erhöhten Sicherheitsbeständen nieder.

3.4. Fragenkomplex „Lager und Materialfluss"

Checkliste

1. Existiert eine Übersicht über die Anzahl nicht bewegter Artikel
   - im letzten Halbjahr?
   - im letzten Jahr?
   - in den letzten 2 Jahren?
   - länger als 2 Jahre?
2. Wie hoch ist der Lagerumschlagsfaktor in den einzelnen
   - Lagerbereichen?
   - Warengruppen?
3. Wie lange beträgt durchschnittlich die Durchlaufzeit vom Zeitpunkt der Warenanlieferung im Wareneingang bis zum Zeitpunkt der Einlagerung?
4. Müssen die Artikel vor Einlagerung aus- und umgepackt werden?
5. Mit welchem zeitlichen Vorlauf werden für die Produktion die Teile / Baugruppen bereitgestellt?
   - Gibt es ein Hol- oder Bring-Prinzip?
   - Wird eine innerbetriebliche Kanban-Versorgung praktiziert?

6. Wird eine geordnete oder eine chaotische Lagerordnung praktiziert?
7. Wird im Lager eine permanente oder stichprobenartige Inventur durchgeführt?
8. Wann werden erkannte Lagerhüter
   - verkauft?
   - recycelt?
   - verschrottet oder entsorgt?
9. Ist das Lager organisatorisch eine Einheit oder gegliedert in
   - Beschaffungslager?
   - Zwischen- bzw. Montagelager?
   - Fertigwarenlager?
10. Welchem Bereich ist das Lager unterstellt?

Erläuterungen

Das Lager mit seinen physischen und verwaltungstechnischen Aufgaben kann für die Höhe der Vorräte nicht verantwortlich gemacht werden. Die genannten Fragen zielen daher in erster Linie auch darauf ab, organisatorische Probleme und Schwachstellen des Material- und Informationsflusses mit dem Ziel herauszukristallisieren, die Transparenz zu verbessern und Rationalisierungspotenziale zu erschießen.

3.5. Fragenkomplex „Entwicklung und Konstruktion"

Checkliste

1. Existiert eine Normenstelle?

   Welcher Abteilung ist die Normenstelle organisatorisch angegliedert?

   Welche Kompetenzen hat die Normenstelle?

2. Verfügt die Normenstelle über einen Online-Bildschirmanschluss zur Materialdatenbank und den Materialbeständen?

   (Das sollte in allen Unternehmen, die eine Normenstelle unterhalten, der Fall sein!)

3. Werden alle Zeichnungen und Stücklisten von der Normenstelle geprüft?
   Welchen Einfluss hat die Normenstelle auf die Konstruktion?
   Welche Kompetenz, neue Materialien abzuwehren bzw. Standardmaterialien durchzusetzen, hat die Normstelle?
4. Wird darauf geachtet, dass
   - Standardmaterialien vorgeschrieben werden?
   - Mehrverwendungsteile zum Einsatz kommen?
   - in Baukastensystemen konstruiert wird?
   - umweltfreundliche und recyclingfähige Stoffe eingesetzt werden?
   Was passiert bei Abweichung? Sind dann die Entscheidungswege beschrieben?
5. Wird eine Wertanalyse betrieben
   - intern?
   - mit Lieferanten?
   - existieren dazu feste Teams oder Regularien für Teamarbeit?
6. Bestehen Entwicklungspartnerschaften (Simultaneous Engineering)?
7. Werden zu einem frühestmöglichen Zeitpunkt Facheinkäufer für die Auswahl leistungsfähiger Lieferanten, insbesondere für neues Material, eingeschaltet?
8. Bestehen Entwicklungspartnerschaften mit Lieferanten (Cooperative Engineering)? Erfolgt die Lieferantenintegration[39] bereits in der Ideen- bzw. Konzeptphase eines Produktentstehungsprozesses?

Erläuterungen

Die Produktentwicklung und die in der Regel der Konstruktion angegliederte Normenstelle können wesentlich zur Bestandsreduzierung beitragen. Ein funktionierender Änderungsdienst ist die notwendige Voraussetzung, um den Aufwand vor allem im Lager zu verringern. Die Zusammenarbeit von Einkauf / Logistik und Konstruktion kann dazu beitragen, die Erzeugnisstruktur derart zu gestalten, dass eine optimale Festlegung der Bevorratungsebenen möglich wird. Durch kundenanonyme Fertigung und Lagerung kann die Lieferzeit erheblich reduziert werden, und zwar ohne Bevorratung der gesamten Variantenvielfalt.

[39] Siehe vom Verf., Lieferantenmanagement, a.a.O., S. 30 ff.

Solange keine Zeichnungen verabschiedet sind, die Fertigungsplanung sich noch mit der Strukturierung der Prozesse beschäftigt und sich der Einkauf noch im Anfragestadium befindet, kann man noch in die Prozesse eingreifen und potenzielle Bestandsverursacher erkennen und gemeinsam die Problematik angehen. Dieser Fragenkomplex dient der Überprüfung, ob in der Produktionsentstehungsphase noch Bestandssenkungspotenziale bestehen. Diese sollten in Zusammenarbeit mit Einkauf, Fertigung, Vertrieb und Lieferanten ausgeschöpft werden.

4. Fallstudie zum potenzialorientierten Bestandsmanagement

Ein Unternehmen der metallverarbeitenden Industrie stellt in Klein- und Großserien hochwertige Erzeugnisse in einer breiten Variantenvielfalt her. Marktführende Unternehmen der Automobil- und Elektronikbranche zählen zu seinen wichtigsten Kunden. Strategisch ist das Unternehmen global ausgerichtet. Der Exportanteil liegt bei ca. 60 %. Gefertigt wird ausschließlich in einem norddeutschen Standort. Dabei haben Flexibilität und Zuverlässigkeit absolute Priorität.

Der Zentraleinkauf ist der Geschäftsführung direkt unterstellt und zeitgemäß strukturiert. Neben dem Abschluss von Rahmenverträgen gehören Global Sourcing, Lieferantenmanagement sowie Optimierung der Prozesse und des Lieferantenportfolios zu den wichtigsten Aufgaben des Strategischen Einkaufs. Kunden- und kostenorientiertes Denken und Handeln sind ein absolutes Muss für alle Mitarbeiter/-innen.

Die Verantwortung des Operativen Einkaufs liegt in der Sicherstellung der Versorgung. Daher sind ihm alle Aufgaben von der Bedarfsermittlung bis zur Warenvereinnahmung zugewiesen. Als Software kommt seit einigen Jahren SAP zum Einsatz. Die Mitarbeiter/-innen nutzen weitgehend das dispositive Instrumentarium. Dabei werden die Erkenntnisse aus der ABC- und XYZ-Analyse berücksichtigt.

Die Bestandspolitik der Geschäftsführung ist seit Jahren darauf ausgerichtet, einen möglichst hohen Servicegrad bei minimalen Bestandskosten zu gewährleisten. Da diese konfliktäre Zielsetzung bislang noch „unorthodox" verfolgt wurde, d. h. ohne systematische und strukturierte Vorgehensweise, soll nunmehr durch eine umfassende Potenzialanalyse für das kommende Geschäftsjahr ein möglichst realistisches Ziel zur Bestandsreduzierung erarbeitet werden. An der Bewältigung dieser Aufgabe sollen alle Funktionen beteiligt werden, die als Bestandsverursacher in Frage kommen.

Während das Controlling die erforderlichen Daten bereitstellt, soll der Leiter des Zentraleinkaufs die Leitung des Bestandssenkungsteams übernehmen und als Moderator fungieren.

1. Welche Funktionen sollten außer dem Einkauf im „Bestandssenkungsteam" vertreten sein?

   Im „Bestandssenkungsteam" sollten vertreten sein:

   - Kernteam: Operativer Einkauf / Disposition, Produktion / Technik, Entwicklung / Konstruktion, Verkauf / Vertrieb
   - Randteam: Arbeitsvorbereitung, Lagerwirtschaft, EDV / IT-Systeme

   Mitarbeiter/-innen des Randteams werden teilweise hinzugezogen.

2. Im Rahmen der Potenzialanalyse ist zunächst die Ist-Situation zu erfassen, um eine Antwort auf die Fragestellung zu finden:

   - Wo stehen wir?

   Es lassen sich u. a. nachstehende Ansatzpunkte zur detaillierten Erfassung der Ist-Situation finden:

   1. Ermittlung der Bestände nach Bereichssegmenten, wie z. B.:
      - Vorratslager
      - Bereitstellungslager
      - Vorfertigung
      - Kunststofftechnologie
      - Baugruppen-Fertigung
      - Verdrahtung / Montage
      - Endmontage
      - Kommissionierung
      - Fertigwarenlager / Versand
      - Sonstiges (z. B. Entwicklung / Konstruktion)

2. Ermittlung der Bestände nach Materialkonten, wie z. B.:
   - Normale Kaufteile
   - Kaufteile nach Zeichnung
   - Kaufteile für Nachbaukomponenten
   - Handelswaren
   - Normale Eigenfertigung
   - Eigenfertigung für Nachbaukomponenten
3. Analyse der Bestände nach folgenden Kriterien:
   - Wertigkeit (ABC-Analyse)
   - Versorgungsrisiko (Portfolio-Analyse mit Untergliederung nach internen und externen Versorgungsrisiken)
   - Reichweitenanalyse (Soll- / Ist-Vergleich; Abweichungsanalyse)
   - Altersstruktur-Analyse

In einem zweiten Schritt ist im Rahmen der Potenzialanalyse eine Antwort auf die Fragestellung zu finden:

- Was wollen wir?

Das Bestandssenkungsteam muss für die einzelnen Artikel die optimale Bestandshöhe – die optimale Soll-Reichweite – unter Berücksichtigung insbesondere folgender Kriterien festlegen:

- Abhängigkeit von Kunden
- Abhängigkeit von Lieferanten
- Anzahl der Lieferanten / Artikel
- Ausfallrisiko von Lieferanten
- Wiederbeschaffungszeiten
- Wertigkeit der Artikel im Sinne der ABC-Analyse
- Vorhersagegenauigkeit der Artikel im Sinne der XYZ-Analyse

> Grundsätzlich sollte sich das Bestandssenkungsteam im Rahmen der Erarbeitung eines Zielkonzeptes auf die
> - umsatzstärksten Artikel sowie auf
> - Schlüsselprodukte
>
> konzentrieren.

3. Welche Erfolgsfaktoren sind aufgrund der unternehmensspezifischen Rahmenbedingungen als besonders kritisch anzusehen und daher zu beachten?

   Als kritische Erfolgsfaktoren kommen in dem vorliegenden Fall vorrangig in Betracht:

   - Sicherstellung der Versorgung
   - Flexibilität
   - Gleichbleibendes Qualitätsniveau

4. Unter welchen Gesichtspunkten sollte bei gleichzeitiger Reduzierung der Bestände eine Bestandsoptimierung angestrebt werden?

   - Servicegrad
   - Dringlichkeit der Bedarfe (z. B. kritische Teile)
   - Leistungsfähigkeit der Lieferanten
   -

5. Der Einkauf ist – wie im Übrigen auch die anderen Funktionen – aufgefordert, aus seiner Sicht Vorschläge einzubringen, die ohne Gefährdung der Produktionsbereitschaft zu einer Senkung der Bestände im Beschaffungsbereich führen könnten.
   Welche umsetzbaren Empfehlungen könnte die Vorschlagsliste u. a. enthalten?

   Der Einkauf könnte u. a. vorschlagen:

   - Umstellung auf Konsignationslager
   - Umstellung auf Fremdbevorratung
   - Umstellung der Sourcing-Strategien
   - Verkürzung der Wiederbeschaffungszeit
   - Verbesserung der Zuverlässigkeit
   - Umstellung der Logistikstrategie (Einführung von JiT- und JiS-Konzepte)
   -

6. Welche Möglichkeiten zur Bestandsoptimierung sollte die Disposition kritisch untersuchen?

In Betracht könnten u. a. kommen:

- Umstellung der Bedarfsermittlung (von stochastischer auf deterministische Bedarfsrechnung)
- Umstellung der Bestellpunktdisposition (von manueller auf maschinelle Bestellpunktdisposition)
- Umstellung der Losgrößenberechnung
- Umstellung der Sicherheitsbestandsrechnung
- Optimierung der Parameter

Dritter Abschnitt

Lieferantengesteuerte und dispositive Bestandsoptimierung

Um die Produktions- und Absatzpläne erfüllen zu können, ist der Bedarf an Roh-, Hilfs- und Betriebsstoffen, Zulieferteilen (Baugruppen) sowie Handelswaren rechtzeitig zu ermitteln, damit eine zeitgerechte Bereitstellung der Materialien sichergestellt werden kann. Dabei ist im vorgegebenen Rahmen des kurzfristigen und flexiblen Kapazitätsausgleichs in Abstimmung mit der Produktionsplanung gegebenenfalls zu entscheiden, inwieweit der Bedarf durch Fremdbezug – der in diesem Abschnitt in den Vordergrund tritt – oder durch Eigenfertigung zu decken ist.

Darüber hinaus ist der Einkauf gefordert, die Kunden-Lieferantenbeziehungen auch in der Weise intensiv zu nutzen, dass moderne Verfahren der lieferantengesteuerten Lagerwirtschaft in den Systemzusammenhang integriert werden. Die Disposition kann ihrerseits dazu beitragen durch den differenzierten Einsatz von Verfahren eine Optimierung der Bestände zu erreichen. Dabei spielt die Lösung gegenläufiger Zielrichtungen eine häufig entscheidende Rolle für die differenzierte Auswahl entsprechender Verfahren.

1. Lieferantengesteuerte Bestandsoptimierung als Zielgröße

Vertrauen ist der Erfolgsfaktor „Nummer 1" für eine kooperative Kunden-Lieferantenbeziehung. Das gilt insbesondere für die erfolgreiche Umsetzung von Vendor Managed Inventory (VMI).

1.1. Vendor Managed Inventory als kooperatives Kunden-Lieferantenkonzept

Im Rahmen dieses Konzepts steuert der Lieferant oder Dienstleister im festgelegten Umfang Bestände des Kunden. Mit anderen Worten:

> Vendor Mangaged Inventory– auch Supplier Managed Inventory (SMI) genannt – ist als ein logistisches Mittel zur Verbesserung der Performance in der Lieferkette anzusehen, bei der das Lager durch den Lieferanten / Dienstleister bewirtschaftet wird.

Wie das nachfolgende Praxisbeispiel 4 illustriert, tauschen im VMI-Konzept Lieferanten / Dienstleister und Kunden kontinuierlich durch elektronische Vernetzung Bestands- und Verbrauchsdaten sowie Prognosen aus. Darüber hinaus wird erkennbar, wie der Einkauf eines mittelständischen Unternehmens

- in Zusammenarbeit mit der Produktion und
- der Einbindung ausgewählter Partner-Lieferanten durch
- elektronischen Datentransfer

zu einem lieferantengesteuerten Bestandsmanagement (VMI), Vendor Managed Inventory gelangt. Kreativität und Motivation waren der Schlüssel zum Erfolg.

Beispiel 4: Lieferantengesteuertes Bestandsmanagement (VMI) in der Praxis[40]

Der Papierhersteller Stora Enso Sachsen GmbH in Eilenburg arbeitet mit Hochdruck an effizienten Beschaffungslösungen. Aktuelles Projekt ist die Automatisierung des Chemikaliennachschubs durch lieferantengesteuerten Bestand (VMI – Vendor Managed Inventory). Im ersten Schritt wurden zehn Lieferanten erfolgreich integriert. Weitere sollen folgen.

Die Anlieferung von Chemikalien ist ein großer Posten im Budget einer Papierfabrik, das Werk Eilenburg benötigt jährlich etwa 18.000 Tonnen Farb-, Zusatz- und Betriebsstoffe. Dazu sind mehr als 900 Anlieferungen pro Jahr zu koordinieren. Der Einkauf sah hier noch Chancen für Einsparungen in der Mengenplanung sowie der damit verbundenen Logistik und ging daran, die Anlieferung von Chemikalien in enger Zusammenarbeit mit der Produktion neu zu organisieren. Angestrebt wurde eine maßgeschneiderte Lösung, die den Abruf der Bestellungen und die Verfolgung der Anliefertermine umfassend integriert und automatisiert.

Diese Anforderungen erfüllt die implementierte elektronische VMI-Lösung. Diese stellt den aktuellen Bestand sowie die Bestandshistorie und damit den Verbrauch in den Lagertanks dar. Auf dieser Datenbasis können Prognosen über die Reichweiten der Bestände entwickelt und

---

40) Das integrierte VMI-System wurde von der Orbit Logistik GmbH, Leverkusen, implementiert – Siehe im Einzelnen, Jähnel, Meik, Automatischer Nachschub spart Zeit und Kosten, in: BIP Spezial eSolutions Report 2013 S. 20 f.

somit den Lieferanten zur optimalen Wiederbefüllung zeitnah zur Verfügung gestellt werden. Das setzt voraus, dass der jeweilige Chemikalienlieferant per Internet die Bestände seines Liefergutes im Werk Eilenburg einsehen kann und Informationen über ungefähre zukünftige Verbräuche vorliegen. Damit ist sichergestellt, dass der Zulieferer selbst seine nächste Anlieferung planen kann, ohne dass die Produktion Gefahr läuft, im Tagesgeschäft plötzlich ohne den chemischen Zusatzstoff dazustehen. Das Projektteam VMI in Eilenburg arbeitet mit einem sämtliche Prozessbereiche umfassenden integrierten System.[41]

Beim Projektstart mussten zunächst die Daten der Silos und Tanks sowie die spezifischen Chemikaliengewichte erhoben werden. Danach wurden gemeinsam mit den verschiedenen Lieferanten die Bestandsgrenzen festgelegt, bei denen automatisch erinnert und Nachschub ausgelöst wird. Die Daten wurden grafisch in übersichtlichen Tabellen umgesetzt, alle Lieferanten umfassend informiert und geschützte Zugänge zum VMI-System für die Chemikalienmeister in Eilenburg, für Einkäufer und Fakturierung sowie für die in das System integrierten Lieferanten eingerichtet. Alle Beteiligten absolvierten eine umfassende Schulung direkt am System.

Nach einer Umstellungsphase mit erhöhtem Abstimmungsbedarf zeigten sich im Praxisbetrieb neben der erhöhten Transparenz auch bestandsbeeinflussende Logistikeffekte. Engpässe konnten auch bei stärker ins Gewicht fallenden Verbrauchsschwankungen vermieden werden, da diese den Lieferanten Online bekannt sind. Eine Befüllung der Tanks konnte damit immer rechtzeitig gewährleistet werden. Die Notwendigkeit, Bestände als Puffer zur Absicherung der Versorgung zu bevorraten, entfiel weitestgehend. Es ist erkennbar, dass VMI auf eine intensive Kooperation zwischen Kunden und Lieferanten / Dienstleister abzielt. Diese umfasst Bedarfsplanung, Supply Chain Management sowie technologische und operative Problemlösung. Beim klassischen VMI-Konzept beschränkt sich der Datenaustausch zwischen Kunden und Lieferanten / Dienstleister auf Bestands- und Verbrauchsdaten.

Ein weiteres Konzept des Bestandsmanagement in der Kunden-Lieferanten-Schnittstelle stellt das Lieferanten-Kanban dar. Dabei stoßen selbststeuernde Regelkreise mit Kanban-Karten[42] die Befüllung des Kundenlagers durch den Lieferanten / Dienstleister an.

---

41) Siehe Jähnel, Meik, Automatischer Nachschub spart Zeit und Kosten, a. a. O., S. 20 f.
42) Siehe dazu das Praxisbeispiel vom Verfasser in Materialwirtschaft, a. a. O., S. 242.

1.2. Das Konsignationslager als Variante der Lagerstrategie

In Abgrenzung zu den erwähnten Konzepten einer vernetzten Bestandssteuerung stellt das Konsignationslager eine Variante der Lagerstrategie dar, bei der der Lieferant verantwortlich für die Ware bleibt, bis der Kunde diese verbraucht. Rechtlich bleibt der Lieferant / Dienstleister Eigentümer der Ware. Besitzer der Ware ist der Kunde, solange sich die Ware in seinem Lager befindet. Nach physischer Warenentnahme geht das Eigentum an den Kunden über. Besonders wirkungsvoll wird diese Methode, wenn sie mit VMI verknüpft wird. D. h. der Lieferant / Dienstleister bekommt Zugriff auf das ERP- oder Verwaltungssystem des Kunden und disponiert Bestände und Nachlieferungen eigenständig innerhalb definierter Regeln und Grenzen.

Die Vorteile des Kunden stoßen allerdings beim Lieferanten / Dienstleiter nicht immer auf Gegenliebe; denn außer einer intensiveren Bindung an den Kunden hat er kaum Vorteile aus dieser Zusammenarbeit. Besonders bei kundenspezifischen Teilen, für die es außerhalb der Geschäftsbeziehung keine oder kaum Absatzmärkte gibt, steigt für ihn das Risiko. In der Regel müssen die Konsignationsbestände ebenfalls finanziert werden und stehen nun in der Bilanz des Lieferanten. Wenn die Finanzierungskosten nicht zu Lasten der Marge des Lieferanten / Dienstleisters gehen sollen, müssen diese an den Kunden weitergereicht werden. Erfolge von Konsignationslagern und VMI zeigen sich beim Partner, d. h. beim Kunden, die offen und ehrlich an einer Kooperation interessiert sind, ihr Wissen und Können zusammenzuführen, ein einheitliches Prozessverständnis entwickeln und Verständnis für die Position des Gegenübers aufbauen.

> Eine kritische Auseinandersetzung mit den Lagerbeständen, dem Sortiment und ggf. eine Bestandsoptimierung sowie die klare Definition der Work-Flows (Wer macht wann was?), der Schnittstellen und der Kommunikationsebenen ist sehr hilfreich bei der erfolgreichen Umsetzung von neuen Logistikkonzepten.

Besondere Beachtung ist erforderlich bei der Bewirtschaftung länderübergreifender Konsignationslager.

Wie bereits angedeutet, ist im Falle der Konsignation ein wechselseitiger Vertrag zwischen Kunden und Lieferanten / Dienstleister abzuschließen, der die Rechte und Pflichten der Vertragsparteien regelt. Im Einzelnen sollte der Vertragstext folgende Bestimmung beinhalten:

zwischen

Y-GmbH (Lieferant)
- im Folgenden Y genannt -

und

X-AG (Kunde)
- im Folgenden X genannt -

1.
1.1. X errichtet bei Y ein Konsignationslager. Y stellt ihr zu diesem Zweck den erforderlichen Platz bzw. die erforderlichen Räume bei sich oder einem von ihr beauftragten Dritten unentgeltlich zur Verfügung und trägt sämtliche mit der Lagerhaltung verbundenen Kosten.

1.2. Das Lager soll den gemeinsam abgestimmten Mindestbestand aufweisen. Dieser ist in Anlage 1 aufgeführt. X wird das Lager im Rahmen der durch Y zu erstellenden Konsignationslager-Auffüllbestellungen laufend ergänzen.

1.3. Die Lieferungen von X auf das Konsignationslager erfolgen ab Werk X von X. Jedwede Gefahr der Verschlechterung und / oder des zufälligen Untergangs geht mit dem Verlassen des Werkes X auf Y über. Y trägt die Kosten des Transports.

2.
2.1. Die auf dem Konsignationslager befindlichen Materialien sind Eigentum von X. Sie sind als Eigentum von X auszuweisen.

2.2. Das Konsignationslager hat den Charakter eines fortlaufenden Warenkredits. Die Rechnung über die Erstauffüllung wird entsprechend valutiert.

2.3. X räumt Y für die Konsignationslagermenge (Rechnung über die Erstauffüllung), sowie über die entsprechenden Auffüllungen (s. § 6.2) einen erweiterten Eigentumsvorbehalt ein.

2.4. Y wird eine ordentliche Lagerbuchhaltung führen, so daß der jeweilige Lagerbestand sofort ersichtlich ist. X oder eine von ihr beauftragte Person ist jederzeit berechtigt, das Lager zu überprüfen und die Lagerbuchführung einzusehen.

3.
3.1. Y hat die Konsignationsware unmittelbar nach ihrem Eintreffen auf ihre Vollständigkeit und mangelfreie Beschaffenheit hin mit der Sorgfalt eines ordentlichen Kaufmanns zu untersuchen. Erhält X innerhalb einer Frist von ( ) Tagen nach Eingang der Konsignationsware im Lager keine schriftliche Mängelanzeige, so gilt die Ware als ordnungsgemäß und in mangelfreiem Zustand übernommen.

3.2. Y trägt die Gefahr des zufälligen Untergangs und / oder der Verschlechterung der Lagergegenstände. Sie hat X von Schäden unverzüglich schriftlich Mitteilung zu machen.

4.
4.1. Y schließt für die Konsignationsware auf ihre Kosten in ausreichender Höhe eine Feuer- (einschließlich Schäden durch Explosion, Blitzschlag und Anprall oder Absturz eines bemannten Flugkörpers, seiner Teile oder seiner Ladung), Einbruch-, Diebstahl-, Wasser-, Sturmversicherung und eine Versicherung für sonstige Schäden ab und weist X den Abschluß dieser Versicherungen nach.

5.
5.1. Y wird X unverzüglich unterrichten, wenn Konsignationsware gepfändet oder über das Vermögen von Y ein Insolvenzverfahren eröffnet zu werden droht oder eine Beeinträchtigung des erweiterten Eigentumsvorbehalts (s. § 2.3) zu erwarten ist.

6.
6.1. Y ist berechtigt, dem Konsignationslager Waren nach Bedarf zur Erfüllung von Verträgen, die mit den Kunden von Y geschlossen werden, zu entnehmen.

6.2. Über die im Laufe eines jeden Monats entnommenen Waren stellt Y bis zum 5. des Folgemonats eine Bestellung zur Wiederauffüllung aus. Die Wiederauffüllung durch X erfolgt innerhalb von zwei Wochen. Die Zahlung seitens X erfolgt nach 30 Tagen netto nach Wiederauffüllung.

7.
7.1. Dieser Vertrag wird auf unbestimmte Zeit geschlossen. Er kann von jeder Partei unter Beachtung einer Kündigungsfrist von .... Wochen zum Quartalsende gekündigt werden. Die Kündigung hat schriftlich zu erfolgen.

7.2. Y ist verpflichtet, nach Beendigung des Konsignationslagervertrages die Konsignationsware unverzüglich auf ihre Kosten und Gefahr an X zurückzusenden.

7.3. Ein Zurückbehaltungsrecht an den Lagergegenständen ist ausgeschlossen, soweit ein Verzicht darauf gesetzlich zulässig ist.

8.
8.1. Änderungen und Ergänzungen dieses Vertrages bedürfen der Schriftform. Auf dieses Erfordernis kann nur schriftlich verzichtet werden.

8.2. Sollte eine Bestimmung dieses Vertrages nichtig oder unwirksam sein, so bleibt dies auf die Gültigkeit der übrigen Bestimmungen ohne Einfluß. Die Partner sind in diesem Falle verpflichtet, die nichtige oder unwirksame Bestimmung durch eine wirksame Regelung zu ersetzen, die der weggefallenen Bestimmung im wirtschaftlichen Ergebnis möglichst nahekommt.

8.3. Dieser Vertrag unterliegt dem Recht der Bundesrepublik Deutschland. Ausschließlicher Gerichtsstand für Streitigkeiten aus oder im Zusammenhang mit diesem Vertrag ist (Ort)/Bundesrepublik Deutschland.

8.4. Ohne gegenseitige schriftliche Zustimmung der Parteien sind die Rechte und Pflichten aus diesem Vertrag nicht übertragbar.

Ort, den _____ Ort, den _____
X   Y
....

2. Dispositive Maßnahmen zur Bestandsoptimierung

Um die Produktions- und Absatzpläne erfüllen zu können, ist der Bedarf an Roh-, Hilfs- und Betriebsstoffen, Zulieferteilen (Baugruppen) sowie Handelswaren rechtzeitig zu ermitteln, damit eine zeitgerechte Bereitstellung der Materialien sichergestellt werden kann. Dabei ist im vorgegebenen Rahmen des kurzfristigen und flexiblen Kapazitätsausgleichs in Abstimmung mit der Produktionsplanung gegebenenfalls zu entscheiden, inwieweit der Bedarf durch Fremdbezug – der in diesem Abschnitt in den Vordergrund tritt – oder durch Eigenfertigung zu decken ist.

2.1. Aufgaben, Kompetenz und Verantwortung der Disposition

Auch wenn die Disposition sehr stark von der Informations- und Kooperationsbereitschaft anderer Funktionen abhängig ist, so ist ihre Wirkung auf die Umsetzung oder Erreichung von Zeit-, Qualitäts- und Kostenzielen nicht zu unterschätzen. Die Möglichkeiten zur Optimierung der Dispositionsqualität – der Dispositions- und Abrufverfahren sowie der Parameteroptimierung – sind daher nach dem Prinzip der kontinuierlichen Verbesserung auszuschöpfen.

Man kann davon ausgehen, dass im Bestandsmanagement führende Unternehmen ihre entscheidenden Hebel zur Verbesserung ihrer Absatz- und Bedarfsprognosen identifiziert und umgesetzt haben. So notwendig verbesserte Bedarfsprognosen sind, so wenig sind sie ausreichend für ein „nachhaltiges Bestandsmanagement",[43] denn in der Disposition kämpft man laufend mit nicht reproduzierbaren Entscheidungen. Teilweise hätten die Dispositionsvorschläge des Systems aber besser sein können, wenn die Stammdaten und Systemparameter situationsgerecht eingestellt gewesen wären.

> Ein nachhaltiges Bestandsmanagement erfordert reproduzierbare und wirtschaftliche Dispositionsentscheidungen!

Aus dieser Sicht ist es daher zwingend erforderlich, dass Regelwerke und Simulationsmechanismen für situationsgerechte Einstellungen von Verfahren, Parametern und Stammdaten sorgen.

---

[43] Kemmner, Prof. Dr. Götz-Andreas, Nachhaltiges Bestandsmanagement, in: Beschaffung aktuell, Nr.12, Leinfelden 2015, S. 20-21.

Subjektive, und aus dem Bauch heraus getroffene Entscheidungen sind zwar in der Praxis immer wieder anzutreffen, stellen aber eine wesentliche Ursache für den oft empfundenen „Stress" in der Supply Chain dar, da auf Bedarfsveränderungen in der Wertschöpfungskette überzogen reagiert wird. Dieses hektische Übersteuern kann die Supply Chain in ein zunehmend stabilitätsgefährdendes Schwingen bringen.

Nicht nur ungeeignete Dispositionsregeln und -mechanismen sowie subjektive Entscheidungen und tendenzielles Übersteuern wirken bestandstreibend, sondern auch die falsche dispositive Entkopplung zwischen Bestands- und Dispositionsstufen.

Außerdem sollte nicht verkannt werden, dass ein nachhaltiges Bestandsmanagement aus kleinen Beschaffungs- und Fertigungslosen sowie kurzen Wiederbeschaffungs- und Durchlaufzeiten besteht. Ob und inwieweit der IST-Zustand dem Idealbild in der Praxis im Einzelfall entspricht, muss dahingestellt bleiben. In jedem Fall sollte eine Inflation der Bestellmengen vermieden werden, um eine möglichst gleichmäßige Fließgeschwindigkeit der Supply Chain zu erreichen.

Insgesamt gesehen lässt sich die Disposition nicht mehr nebenbei bewältigen. Durch den Einsatz zeitgemäßer Medien und Technologien werden die Mitarbeiter/-innen zwar von rechen- und zeitintensiven Routinetätigkeiten entlastet, das ist aber nicht mit einem Verlust an Verantwortung verbunden. Darüber hinaus hat gezieltes C-Teile-Management in Verbindung mit der Verlagerung unkritischer Artikel[44] auf Dienstleister dazu geführt, dass dispositive und abwickelnde Aktivitäten auf Dritte verlagert wurden. Die durch diese Entwicklungen gewonnene Zeit ist aber für höherwertige Aufgaben wie Parameterpflege, Engpassmanagement und Bestandscontrolling vor Ort zu nutzen. Das setzt bei den dafür Verantwortlichen ein hohes Maß an Fach- und Methodenkompetenz voraus. Der verantwortungsbewusste Disponent sollte die von der eingesetzten Software errechneten Bestellvorschläge nicht „blind" in konkrete Bestellungen oder Abrufe umsetzen!

---

44) Siehe vom Verf., Modernes Einkaufsmanagement, 2. Auflage, Gernsbach 2014, S. 81.

> Unverkennbar sollte es sein, dass die Akzeptanz im eigenen Unternehmen nicht nur eine Frage der formalen Kompetenz – der hierarchischen Position – ist, sondern von der persönlichen Qualifikation und dem eigenständigen Verantwortungsbewusstsein sowie der Teamfähigkeit mitbestimmt wird.
>
> Dabei muss die Disposition um eine stetige Optimierung der miteinander konkurrierenden Zielsetzungen bemüht sein, nämlich eine „bestmögliche" Lieferbereitschaft zu erreichen und dabei die Kosten und die Kapitalbindung möglichst niedrig zu halten.

Dieses Problem kann – von der Einrichtung von Konsignationslagern abgesehen – idealtypisch durch eine fertigungssynchrone Anlieferung (JiT- oder JiS-Prinzip) gelöst werden. Auch der Einkauf kann durch zweckentsprechende beschaffungspolitische Maßnahmen dazu beitragen, dass die Disposition das Vorsichtsprinzip maßvoll lockert. Da jedoch immer Versorgungsschwierigkeiten auftreten können, z. B. durch Mehrverbrauch im eigenen Unternehmen, Maschinenausfall beim Lieferanten, Verkehrsstörungen, Ausschusslieferungen usw., setzt eine hohe Lieferbereitschaft stets eine Vorratshaltung voraus. Hier zeigt sich der maßgebliche Einfluss, den die Disposition auf die Liquidität und Rentabilität eines Unternehmens hat. Von ihr werden Bestelltermin, Bestellmenge und Bestellhäufigkeit und damit die Höhe der Lagerbestände maßgeblich bestimmt. Zugleich wird auch hier deutlich, wie notwendig es ist, dass vom Materialmanagement die Ziele der Beschaffungs- und Vorratspolitik entsprechend geplant werden (Vorratsplan). Das hilft den Mitarbeitern/-innen der Disposition, die unvermeidbaren Zielkonflikte zu lösen.

Eine erfolgreiche Bewältigung der Optimierungsaufgabe setzt außerdem die Beachtung folgender Bedingungen voraus:

- Zuverlässige Bedarfsrechnung oder Bedarfsvorhersage
- Genaue Bestandsführung und Bestandsmeldungen
- Geeignete Dispositionsverfahren
- Richtig bemessene Sicherheitsbestände
- Optimale Bestell- bzw. Abrufmengen / Losgrößen
- Stetige Mengen- und Terminkontrolle
- Sinnvolle Anwendung der ABC- und XYZ-Analyse
- Aussagefähiges Kennzahlensystem

> Es sind vor allem die in diesem Abschnitt behandelten Verfahren der stochastischen Prognoserechnung, der Bestellpunktdisposition und der dynamischen Bestellmengenoptimierung – und Sicherheitsbestandsberechnung, die eine zeitgemäße Dispositionsqualität kennzeichnen.

Darüber hinaus ist eine Antwort auf folgende Fragestellungen zu finden:

- Wie ist das Aufgabengebiet der Disposition gegenüber den vor- und den nachgelagerten Funktionen abzugrenzen?
- Welche Strukturformen sind in der Praxis anzutreffen?
- Welche Vorteile sind in einer eindeutigen Kompetenzabgrenzung zum strategisch orientierten Einkauf zu sehen?

Es sind im Wesentlichen drei Varianten, die in Abbildung 17 schematisch dargestellt sind und die die organisatorische Entwicklung von der „klassischen" Disposition zur Beschaffungslogistik widerspiegeln.

Disposition
Bedarfsrechnung
Bestandsrechnung
Bestellrechnung

Beschaffung
+ Bestellung / Abruf
+ Bestellabwicklung

Beschaffungslogistik
+ Wareneingangskontrolle
+ Vorratslager
+ Transport

Abbildung 17: Von der Disposition zur Beschaffungslogistik

Allgemein kennzeichnend für die organisatorische Entwicklung ist in dem Tatbestand zu sehen, dass in zunehmendem Maße vor allem in Unternehmen der Serienfertigung Vorteile in einer Konzentration der Mengen- und Terminverantwortung gesehen werden. Während der marktorientierte Einkauf strategisch ausgerichtet ist und in erster Linie für den Abschluss von Rahmenverträgen mit den zuverlässigsten und ertragsstärksten Lieferanten verantwortlich ist, übernimmt die Disposition – wie auch immer im Einzelfall die organisatorische Einbindung in die Organisationsstruktur gelöst wird – die Verantwortung für die operative Versorgungssicherheit.[45] Um die Verantwortlichkeit dafür eindeutig zu regeln, hat sich die Zusammenlegung der „klassischen Dispositionsaufgaben" mit den Aufgaben der Bestellabwicklung zu dem Operativen Einkauf (Beschaffung) herauskristallisiert. Mit anderen Worten:

> Der Strategische Einkauf agiert vor dem Bedarf, der Operative Einkauf erfüllt bei versorgungsorientierter Kapazitätsausnutzung den Bedarf.

Letztendlich ist nicht von der Hand zu weisen, dass die in Abbildung 18 genannten Erfolgsfaktoren das dispositive Ergebnis – „das Erfolgserlebnis" des Disponenten – entscheidend mitbestimmen, wobei es wiederum eine Frage der Fach- und Methodenkompetenz der jeweils für die Disposition verantwortlichen Mitarbeiter/-innen ist, ob und inwieweit diese Erfolgsfaktoren wirklich genutzt und ausgeschöpft werden.

---

45) Siehe im Einzelnen vom Verf., Modernes Einkaufsmanagement, Gernsbach 2007, S. 21 ff.

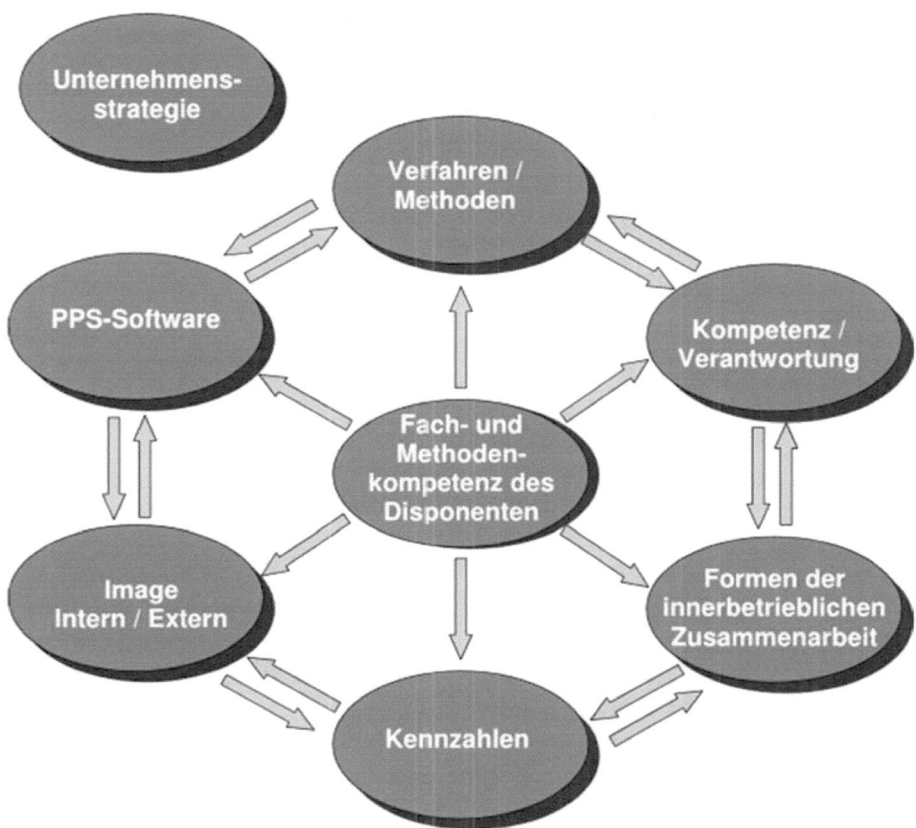

Abbildung 18: Erfolgsfaktoren der Disposition: Fach- und Methodenkompetenz des Disponenten sind gefordert

2.2. Optimierung der Prognosequalität: Verfahren der stochastischen Bedarfsermittlung

Zu den wichtigsten Voraussetzungen einer wirtschaftlichen Materialdisposition zählt die Kenntnis des zukünftigen Bedarfs, der mithilfe folgender Verfahren ermittelt werden kann.

(1) Deterministische Bedarfsrechnung:
Basis sind vorliegende festumrissene Kundenaufträge, Produktionspläne, d. h. der sog. Primärbedarf ist bekannt.

Die Ermittlung des Bedarfs an Modulen, Systemen, Baugruppen und Teilen – des sog. Sekundärbedarfs – erfolgt in der Regel über Stücklisten oder Rezepturen (sog. Stücklisten- oder Rezepturauflösung).

Als Primärbedarf wird also der Bedarf an verkaufsfähigen Erzeugnissen bezeichnet. Dabei kann es sich sowohl um Fertigerzeugnisse, Halbfabrikate oder auch Teile handeln, die im Rahmen von After Sales Service disponiert werden müssen.

- Die deterministische Bedarfsrechnung führt somit grundsätzlich zur Ermittlung des Sekundärbedarfs.

(2) Stochastische Bedarfsrechnung:
Basis sind mathematisch-statistische Ermittlungen, die sich auf die Verbrauchsentwicklung in der Vergangenheit beziehen und aus diesen Daten den Bedarf für die Zukunft errechnen (vorhersagen).

- Die stochastische Bedarfsrechnung führt somit grundsätzlich nicht zu dem aus einem gegebenen Primärbedarf abgeleiteten Sekundärbedarf, sondern zu dem sog. Tertiärbedarf, der keine Stücklistenposition darstellt.

(3) Subjektive Bedarfsschätzung:
Basis ist die persönliche Meinung einer oder mehrerer Personen.

In Abbildung 19 ist eine Gliederung gewählt, die weitere Differenzierungen ermöglicht. Außerdem ist aus dieser Abbildung ersichtlich, woher im Wesentlichen die Daten für die Bedarfsermittlung kommen.

> In der Praxis der Bedarfsrechnung kommt man mit einer der drei Methoden nicht aus.

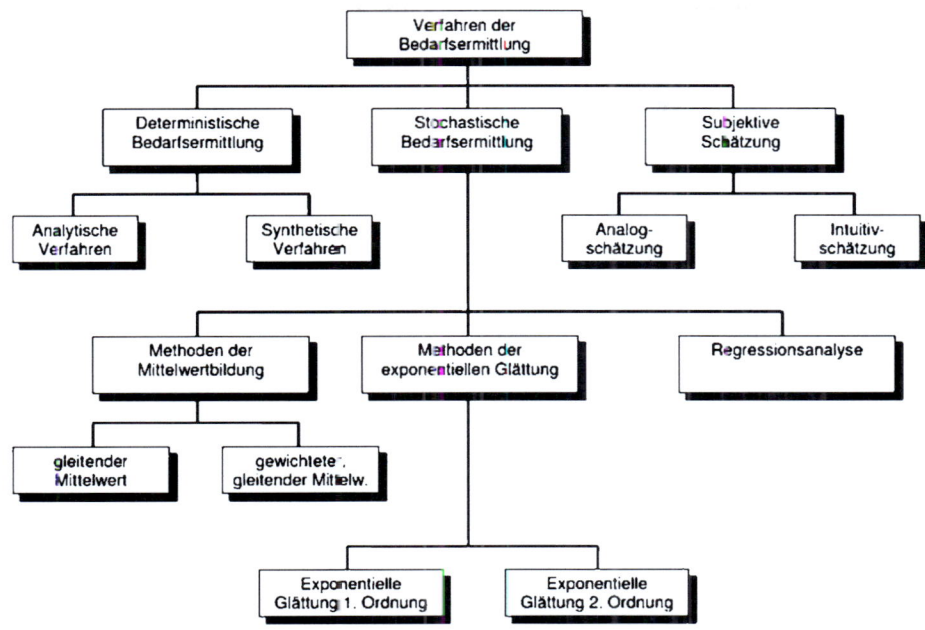

Abbildung 19:   Verfahren der Bedarfsermittlung

Aus der Analyse der Bestandsursachen (Abbildung 5) ist unschwer zu erkennen, dass mangelnde Prognosequalität nachhaltig dazu führen kann, dass „der Disponent auf zu hohen Beständen sitzt". Entscheidend dafür – und in der Praxis bisweilen vernachlässigt – ist die Tatsache, dass dieses Dilemma sowohl die Zuverlässigkeit der vom Vertrieb „vorgegebenen" Absatzzahlen als auch die von der Disposition zu „verantwortenden" Bestellmengen betrifft. Dabei ist nicht zu übersehen, dass die Absatzprognose Grundlage für den daran anschließenden dispositiven Abstimmungsprozess darstellt.

2.2.1. Prognosemodelle: Verbrauchsverläufe und Modellauswahl

Der Bedarfs- und Verbrauchsverlauf über mehrere Perioden in der Vergangenheit kann erheblich differieren, und damit auch die Prognostizierbarkeit der zukünftigen Bedarfe. Als Verbrauchsstrukturen können unterschieden werden:

- Konstanter Verbrauch

- Trendförmiger Verbrauch
- Saisonaler Verbrauch
- Trend-Saisonaler Verbrauch
- Unregelmäßiger Verbrauch

Die Verbrauchsverläufe sind in Abbildung 20 grafisch dargestellt.

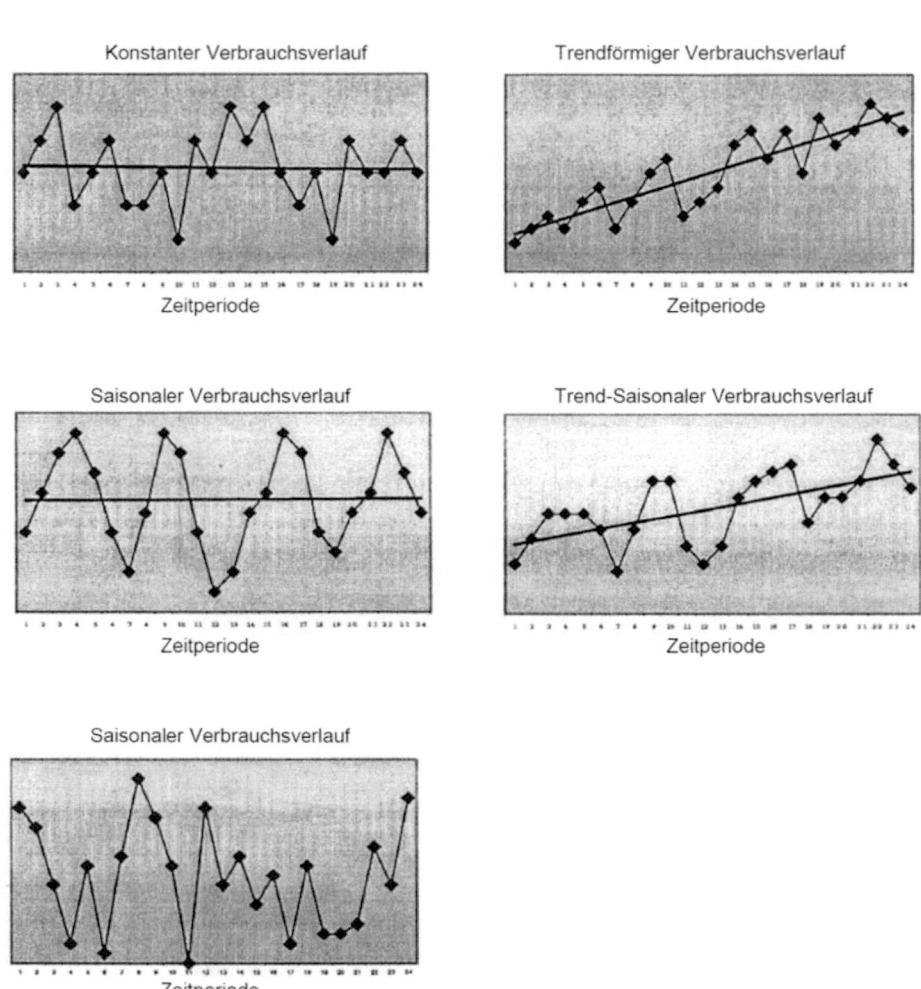

Abbildung 20: Verbrauchsverläufe, in Anlehnung an: Zahn / Schmid, Produktionswirtschaft, 1996, S. 336

Aufgrund der unterschiedlichen Charakteristika der Verbrauchsmodelle werden verschiedene Methoden zur Prognose verwendet:

- Modell des gleitenden Mittelwertes

Erfolgt die Bedarfsvorhersage auf der Grundlage einer gleitenden Mittelwertbildung, kann der Einfluss weit zurückliegender Verbrauchsdaten ausgeschaltet werden. Dies wird erreicht, indem die Zahl der berücksichtigten Verbrauchsmengen konstant gehalten und das arithmetische Mittel der jeweils betrachteten, letzten Perioden gebildet wird.

- Modell des gewichteten gleitenden Mittelwertes

Diese Methode erlaubt eine situationsabhängige Gewichtung der einzelnen Verbrauchswerte. Durch entsprechende Wahl der Gewichtungsfaktoren kann den jüngeren Verbrauchswerten eine größere Bedeutung beigemessen werden.

- Modell der exponentiellen Glättung 1. Ordnung

Diesem Modell liegt eine exponentiell abnehmende Gewichtung der zeitlich vorgelagerten Verbrauchswerte zugrunde. Dies wird durch einen Glättungsfaktor Alpha erreicht, der zwischen 0 und 1 gewählt wird. Je größer Alpha ist, umso stärker werden die jüngeren Verbrauchswerte berücksichtigt.

- Modell der exponentiellen Glättung 2. Ordnung

Um eine trendförmige Änderung des Verbrauchs bei der Prognose besser berücksichtigen zu können, wird bei dieser Methode der Wert der exponentiellen Glättung 1. Ordnung durch eine doppelte Glättung weiter verbessert.

Die Modellauswahl kann manuell durch den Benutzer erfolgen, es ist aber auch möglich, das Modell durch das System maschinell auswählen zu lassen. Eine dritte Variante ist die manuelle Auswahl mit zusätzlichem maschinellem Test (SAP). Die Modellauswahl wird im Materialstamm unter Prognose festgelegt.

Bei der manuellen Auswahl ist der Benutzer in der Modellauswahl durch das System nicht eingeschränkt, allerdings gibt es für einen bestimmten Bedarfsverlauf mehr oder weniger geeignete Modelle. In der nachstehenden Tabelle 5 werden die sinnvollen Zuordnungen zwischen Bedarfsverlauf und Prognosemodell abgebildet.

Bedarfsverlauf	Prognosemodell
Konstanter Verlauf	Konstantmodell
	Konstantmodell mit Anpassung der Glättungsfaktoren
	Modell des gleitenden Mittelwertes
	Modell des gewichteten gleitenden Mittelwertes
Trendförmiger Verlauf	Trendmodell (exponentielle Glättung 1. Ordnung)
	Modell der exponentiellen Glättung 2. Ordnung (mit und ohne Parameteroptimierung)
Saisonaler Verlauf	Saisonmodell
Trend-Saisonaler Verlauf	Trend-Saison-Modell
Unregelmäßiger Verlauf	Keine Prognose
	Modell des gleitenden Mittelwertes
	Modell des gewichteten gleitenden Mittelwertes

Tabelle 5: Zuordnung Bedarfsverlauf – Prognosemodell

2.2.2. Verfahren der exponentiellen Glättung: „Aus den Prognosefehlern lernen"

Die verschiedenen Verfahren (Modelle) der Mittelwertrechnung haben neben der Tatsache, dass auf weit zurückliegende Daten der Vergangenheit zurückgegriffen werden muss, den Nachteil, dass Prognosefehler gewissermaßen fortgeschrieben werden. Im Gegensatz dazu „lernen" die Verfahren der exponentiellen Glättung gewissermaßen aus der in der Regel zutage tretenden Abweichung zwischen dem vorhergesagtem Bedarf und dem tatsächlich eingetretenen Verbrauch.

Aufgrund der aufgezeigten Prognosemodelle (Abbildung 20) bietet eine anspruchsvolle Software durchaus die Möglichkeit, entsprechend differenziert stochastische Verfahren der exponentiellen Glättung einzusetzen. Diese basieren auf dem Grundmodell der exponentiellen Glättung 1. Ordnung, der zufolge sich die Prognose für die Folgeperiode wie folgt ermittelt:

- $V_{i+1} = V_i + \alpha (T_i - V_i)$

Dabei bedeuten:

V_{i+1} = Vorhersagewert für die neue Periode i+1
V_i = Vorhersagewert für die laufende Periode i
α = Glättungs- bzw. Gewichtungsfaktor
T_i = tatsächlicher Verbrauch der laufenden Periode i

Der neue Vorhersagewert ist also gleich dem alten Vorhersagewert zuzüglich der gewichteten Abweichung des tatsächlichen Verbrauchs von dem alten Vorhersagewert, d. h. dem Prognosefehler.

Die Formel kann daher auch geschrieben werden:

- $V_{neu} = V_{alt} + \alpha (T_{alt} - V_{alt})$

Aus dem Prognosefehler „lernt" also das System je nach Größe des Glättungsparameters Alpha, der zwischen den Werten 0 und 1 gewählt werden kann. Dabei tritt das gleiche Dilemma auf wie bei dem Parameter des gleitenden arithmetischen Mittels:[46]

> Eine zunehmende Glättung von Zufallsabweichungen ist mit einer abnehmenden Reaktionsgeschwindigkeit auf Strukturbrüche und mit „systematischen Fehlern" bei trendförmiger Verbrauchsentwicklung verbunden.

Das nachfolgende Beispiel 5 zeigt sehr deutlich diese Wirkungen des Glättungsfaktors und die wichtige Rolle des Prognosefehlers bei der Festlegung des Sicherheitsbestandes zur Abdeckung des Risikos von Verbrauchsabweichungen während der Beschaffungszeit.

---

[46] Siehe vom Verf., Materialwirtschaft, a.a.O., S. 324 ff.

Beispiel 5: Ermittlung der Gesamtvorhersage auf der Basis der exponentiellen Glättung 1. Ordnung (Rechenbeispiel)

Werden für Alpha die Werte 0,05 und 0,2 angenommen, so ergeben sich die in der Tabelle 6 zusammengestellten Werte. Gestartet wird hier mit dem tatsächlichen Verbrauch in der ersten Periode als Prognosewert für die zweite Periode. Dieser Initialzündung bedarf es, da es sich um ein periodisches Fortschreibungsverfahren handelt.

Erläuterung zur Berechnung: Vorhersagewert bei $\alpha = 0,05$

$$V_{i+1} = V_i + \alpha (T_i - V_i)$$
$$V_{10} = 87 + 0,05 (140 - 87)$$
$$V_{10} = 87 + 3$$
$$V_{10} = 90$$

Vorausberechnung der Fehlervorhersage aufgrund der absoluten Fehler – der sog. Mittleren Absoluten Abweichung (MAA) der Medium Absolut Diviation (MAD) – mit dem entsprechenden Glättungsfaktor nach der exponentiellen Glättung 1. Ordnung und unter Berücksichtigung eines vorgegebenen Servicegrades.[47]

$$MAD_{i+1} = MAD_i + \alpha (D_i - MAD_i)$$
$$MAD_{10} = 21 + 0,05 (53 - 21)$$
$$MAD_{10} = 21 + 2$$
$$MAD_{10} = 23$$

Gesamtvorhersage bei einem festgelegten Servicegrad von 97,72 % (SF = 2,50 laut Tabelle 10)

$$L_{i+1} = V_{i+1} + (SF * MAD_{i+1})$$
$$L_{10} = 90 + (2,50 * 23)$$
$$L_{10} = 148$$

Es ist noch anzumerken, dass die Gewichtung der Fehlervorhersage mit der des Prognosefehlers nicht übereinstimmen muss. In diesem Fall sollte die Unterscheidung auch begrifflich verdeutlicht werden, indem beispielsweise der für die Gewichtung der Fehlervorhersage gewählte Parameter als Deltafaktor bezeichnet wird.[48]

---

[47] Siehe dazu die Ausführungen unter Ziffer 2.5. in diesem Abschnitt.
[48] Siehe auch folgend unter dieser Ziffer in diesem Abschnitt.

Periode	Tatsächlicher Verbrauch	Glättungsfaktor α = 0,05 Servicefaktor = 2,5					Glättungsfaktor α = 0,2 Servicefaktor = 2,5				
		Vorhersage	Absoluter Fehler	Fehlervorhersage	Gesamtvorhersage	Unterdeckung	Vorhersage	Absoluter Fehler	Fehlervorhersage	Gesamtvorhersage	Unterdeckung
i	T_i	V_i	$(T_i-V_i)=D_i$	MAD_i	L_i	$L_i-T_i=U_i$	V_i	$(T_i-V_i)=D_i$	MAD_i	L_i	$L_i-T_i=U_i$
1	80										
2	100	80	20				80	20			
3	90	81	9	20	131	41	84	6	20	134	44
4	110	81	29	19	130	20	85	25	17	128	18
5	90	83	7	20	133	43	90	0	19	137	47
6	120	83	37	19	131	11	90	30	15	127	7
7	130	85	45	20	135	5	96	34	18	141	11
8	110	87	23	21	141	31	103	7	21	156	46
9	140	88	52	21	142	2	104	36	18	150	10
10	130	91	39	23	148	18	111	19	22	166	36
11	150	93	57	24	152	2	115	35	21	168	18
12	140	96	44	25	159	19	122	18	24	182	42
13	120	98	22	26	164	44	126	6	23	182	62
14	150	99	51	26	164	14	125	25	19	173	23
15	170	102	68	27	170	0	130	40	21	181	11
16	180	105	75	29	179	-1	138	42	24	199	19
17	130	109	21	32	188	58	146	16	28	216	86
18	150	110	40	31	188	38	143	7	26	207	57
19	160	112	48	32	191	31	144	16	22	199	39
20	180	114	66	32	195	15	147	33	21	199	19
21	150	118	32	34	203	53	154	4	23	212	62
22	170	119	51	34	204	34	153	17	19	201	31
23	190	122	68	35	209	19	157	33	19	203	13
24	150	125	25	37	216	66	163	13	22	217	67

Tabelle 6: Exponentielle Glättung 1. Ordnung und Ermittlung der Gesamtvorhersage bei einer festgelegten Lieferbereitschaft

Anders als bei einer gewogenen gleitenden Mittelwertbildung kann die Gewichtung der Verbrauchswerte nicht frei gewählt werden. Ihre Gewichtung erfolgt mit der Zeit exponentiell abfallend, und zwar so, dass der jeweils jüngste Wert die stärkste Gewichtung erhält. Der Abfall der Gewichtung wird durch die Größe des Glättungsfaktors bestimmt.

- Für α = 0,1 setzt sich der Prognosewert zu 87,84 % zusammen aus Daten der vergangenen 19 Perioden. Die restlichen 12,16 % stammen aus noch weiter zurückliegenden Perioden.
- Für α = 0,5 setzt sich der Prognosewert zu 98,44 % zusammen aus Daten der vergangenen 5 Perioden. Die restlichen 1,56 % stammen aus weiter zurückliegenden Perioden.
- Für α = 1,0 ist die Prognose identisch mit dem Verbrauch der jüngsten Periode.

Den Einfluss von Alpha auf die Gewichtung und damit auf die Aktualität der Prognose zeigt Abbildung 21 für die Werte α = 0,5 und α = 0,1.

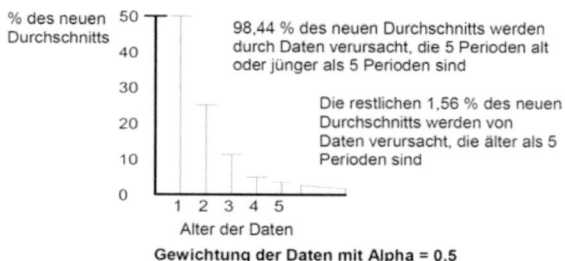

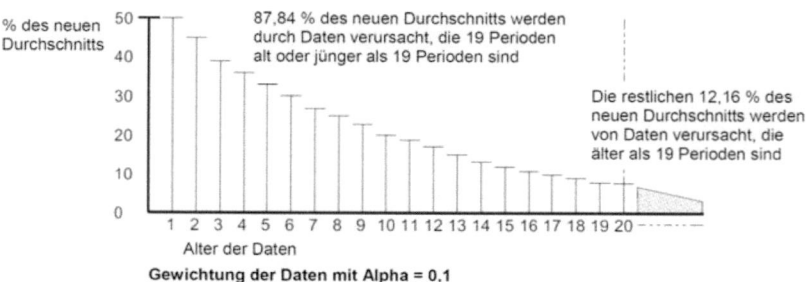

Abbildung 21: Der Einfluss des Glättungsfaktors Alpha auf die Gewichtung der Vergangenheitswerte[49]

---

49) Siehe im Einzelnen vom Verf., Materialwirtschaft, a.a.O., S. 328.

Sofern Alpha nicht maschinell optimiert wird, stellt sich die Frage, welchen Wert der Glättungsparameter einnehmen sollte. Geht man von den genannten Überlegungen aus, lassen sich Entscheidungsregeln für die Festlegung von Alpha herleiten:

- Erscheinen die tatsächlichen Verbrauchswerte annähernd normal, d. h. entspricht der Verbrauchsverlauf in etwa dem Konstantmodell, sollten α-Werte zwischen 0,1 und 0,2 gewählt werden. (Es können auch Versuche mit α = 0,05 durchgeführt werden, wenn der Vorhersagefehler für α = 0,1 übermäßig hoch erscheint.)
- Höhere α-Werte (0,3 bis 0,5) sind nur zu verwenden, wenn man Veränderungen der Verbrauchsstruktur erwartet (saisonale Einflüsse, Konjunkturentwicklung, Auswirkung von Werbekampagnen, Einführung neuer Artikel usw.)
- α-Werte größer 0,5 sollten in keinem Fall gewählt werden, da dann auch statistische Vorbehalte geltend zu machen sind: Es werden zu wenige Perioden in die Rechnung einbezogen, um abgesicherte statistische Aussagen zu gewinnen.

Im Regelfall wird der Glättungsfaktor Alpha mit 0,2 festgeschrieben. Dabei kann die Fehlervorhersage davon abweichend gewichtet werden. So sieht SAP folgende differenzierte Regelung vor:[50]

- Alphafaktor
  Den Alphafaktor verwendet das System zur Glättung des Vorhersagewertes. Gibt der Benutzer keinen Alphafaktor vor, so verwendet das System den Alphafaktor 0,2.
- Deltafaktor
  Den Deltafaktor verwendet das System zur Glättung der Mittleren Absoluten Abweichung (MAA). Gibt der Benutzer keinen Deltafaktor vor, so verwendet das System den Deltafaktor 0,3.

Doch eine leistungsfähige Software ist durchaus in der Lage, diese Parameter mit jedem Rechnungsdurchlauf neu zu ermitteln. In jedem Fall ist zu vermeiden, dass die Anpassung der neuen Prognose an den tatsächlichen Verbrauchsverlauf zeitlich stark verzögert erfolgt.

---

50) Siehe Hoppe, Marc, a.a.O., S. 192 f.

> Die Prognosequalität ist somit nicht zuletzt abhängig von der verantwortungsbewussten Beobachtung des tatsächlichen Verbrauchsverlaufs und der Einschätzung des zu erwartenden Bedarfsverlaufs durch den Disponenten! Dabei beschränkt man sich in der Praxis vorwiegend auf die Implementierung der exponentiellen Glättung 1. Ordnung.

2.3. Programm- oder verbrauchsgesteuerte Disposition?

Ein „entweder – oder" schließt vor allem die unterschiedliche Wertigkeit der zu disponierenden Artikel aus. Die programmgesteuerte Disposition hat zwar den Vorteil, dass durch die mengen- und termingenaue Planung die Kapitalbindung und die Bestandskosten niedrig gehalten werden. Da dieser deterministische Ansatz jedoch zeit- und kostenintensiv ist, kann von einer optimalen Lösung für alle Artikel nicht ausgegangen werden.

Im Gegensatz dazu ist die verbrauchsgesteuerte Disposition weniger kosten- und zeitintensiv, da keine Stücklistenauflösung erfolgt, sondern der Bedarf für jeden Artikel stochastisch ermittelt wird. Die mit jeder Prognose verbundene Unsicherheit muss bei diesem Verfahren durch Sicherheitsbestände aufgefangen werden, um die Versorgungssicherheit zu gewährleisten. Die Folge davon sind höhere Bestandskosten und eine Erhöhung der Kapitalbindung.

Aus diesen Gründen werden in der Praxis bei verschiedenen Artikeln auch verschiedene Dispositionsverfahren verwendet:

- Für 10 – 20 % des Sortiments (A- und höherwertige B-Artikel) wird die programmgesteuerte Disposition eingesetzt.
- Für geringwertige B-Artikel und für die Masse der C-Artikel findet die verbrauchsgesteuerte Disposition statt, die in mehreren Varianten anzutreffen ist. Dabei wird durch gezieltes C-Teile-Management eine möglichst weitgehende Reduzierung des Verwaltungsaufwandes – der Bestellabwicklungskosten – angestrebt.

Abbildung 22 gibt einen groben Überblick über die in der Praxis verwendeten Dispositionsverfahren.[51] Die auftragsgesteuerte Disposition ist hinsichtlich der Vorgehensweise mit der programmgesteuerten, die auch plangesteuerte Disposition genannt wird, vergleichbar.

---

51) Vgl. vom Verf., Materialwirtschaft, a.a.O., S. 344.

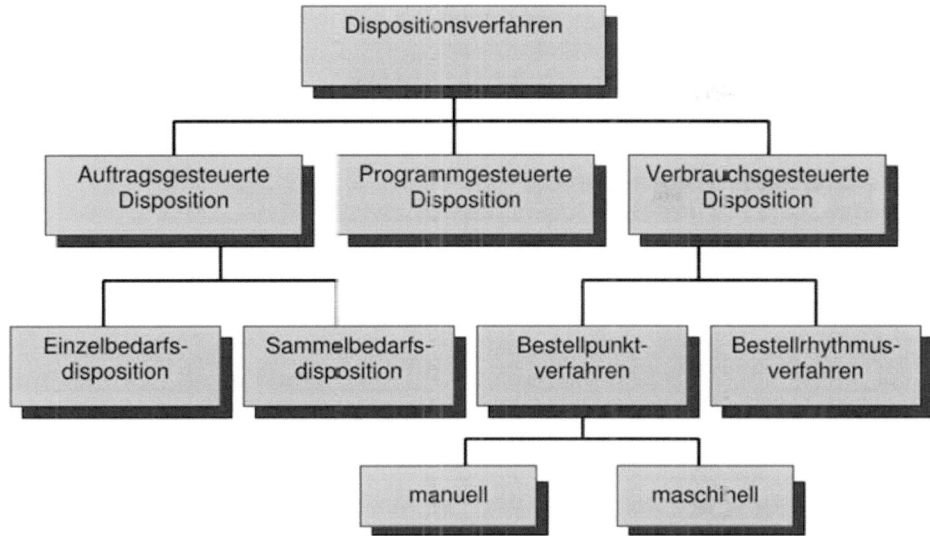

Abbildung 22: Zusammenstellung der Dispositionsverfahren

2.3.1. Optimierung der Bestellpunktdisposition

Die Bestellpunktdisposition läuft auf der Basis eines Meldebestandes ab. Dieser setzt sich aus einem Sicherheitsbestand und dem durchschnittlichen Bedarf während der Wiederbeschaffungszeit zusammen. Unterschreitet der verfügbare Bestand[52] den Meldebestand, wird ein Bestellvorschlag ausgelöst.

Die Dispositionsqualität wird hierbei entscheidend beeinflusst, ob die Bestellpunktdisposition

- manuell oder
- maschinell

erfolgt.

---

52) Der verfügbare Bestand wird wie folgt ermittelt:
  Lagerbestand
   − Sicherheitsbestand
   − Vormerkbestand / Bedarfsmenge
   + Bestellbestand / offene Bestellungen
   = verfügbarer Bestand

Bei der manuellen Bestellpunktdisposition erfolgt die Festlegung des Meldebestandes durch den Disponenten. Es ist nicht auszuschließen, dass dabei das Sicherheitsdenken eine dominierende Rolle spielt.

Bei der maschinellen Bestellpunktdisposition werden Sicherheits- und Meldebestand durch das System über Prognosemodelle bestimmt und im Materialstammsatz hinterlegt.

Mit anderen Worten: Anhand der bisherigen Materialverbrauchswerte ermittelt das Programm – im einfachsten Fall auf der Basis der exponentiellen Glättung 1. Ordnung – die Prognosewerte für den zukünftigen Bedarf. Daraus werden in Abhängigkeit von den vom Disponenten zu bestimmenden Lieferbereitschaftsgrad[53] und von der Wiederbeschaffungszeit des Materials der Meldebestand und der Sicherheitsbestand errechnet und in den jeweiligen Materialstammsatz übernommen.

> Als Ergebnis einer regelmäßig durchgeführten Prognoserechnung können sich Änderungen des Meldebestandes ergeben.

Das nachfolgende Beispiel 6 veranschaulicht die systemgestützte Anpassung des Meldebestandes – in diesem Fall Bestellpunkt (BP) genannt – an den tatsächlichen Verbrauch.

Beispiel 6: Maschinelle Bestellpunktdisposition (Praxisbeispiel)

In einem Unternehmen der Gas-, Mess- und Regeltechnik wird für alle C-Artikel monatlich der Bestellpunkt (BP) maschinell neu errechnet. Als Prognoseverfahren dient dabei die exponentielle Glättung 1. Ordnung. Der Glättungsfaktor Alpha ist mit 0,2 festgelegt.

Für die verzinkte und chromatierte Schraube mit der Artikelnummer 03017124, als CZ-Artikel klassifiziert, liegen folgende dispositive Daten zugrunde:

- Wiederbeschaffungszeit (WBZ): 120 Tage (4 Monate)
- Quantifizierungsfaktor (QF)   : 4
- Sicherheitsbestand (SB)   : 4 * MV (monatlicher Vorhersagewert)

---

[53] Siehe hierzu unter Ziffer 2.5 in diesem Abschnitt.

Der Bestellpunkt (BP) wird maschinell jeweils wie folgt ermittelt:

- BP = (MV * WBZ) + (MV * QF)

Für die 23. Periode (Monat) wurden maschinell folgende Werte ermittelt:

- MV_{23} : 2.584 ME
- BP_{23} : 10.336 + 10.336 = <u>20.672 ME</u>

Für die 24. Periode (Monat) wurde der monatliche Vorhersagewert (MV_{24}) unter Berücksichtigung des in der zurückliegenden Periode tatsächlich eingetretenen Verbrauchs, der in der Tabelle 7 mit 3.160 ausgewiesen ist, wie folgt ermittelt:

- MV_{24} = 2.584 + 0,2 (3.160 – 2.584)

    = <u>2.699 ME</u>

Die maschinelle Berechnung des neuen Bestellpunktes ergab:

- BP_{24} = 10.796 + 10.796
    = <u>21.592</u>

Periode	00	01	02	03	04	05
Verbrauch	10	3.660	120	3.500	2.200	500
Periode	06	07	08	09	10	11
Verbrauch	5.940	2.900	2.309	2.400	4.500	4.600
Periode	12	13	14	15	16	17
Verbrauch	2.600	1.000	4.200	1.100	3.750	4.650
Periode	18	19	20	21	22	23
Verbrauch	2.420	3.200	100	350	4.730	3.160

Tabelle 7: Verbrauchsstatistik

2.3.2. Bestellrhythmusverfahren / Rhythmische Disposition

Im Gegensatz zum Bestellpunktverfahren wird der Bestellvorschlag nicht durch die Unterschreitung des Meldebestandes ausgelöst, sondern durch eine regelmäßige Überprüfung des Bestandes, aus dem dann ein Bestellvorschlag erzeugt wird, falls im Überprüfungszeitraum Material verbraucht wurde. Dabei ist die Bestellmenge die Differenz zwischen tatsächlichem Bestand und der definierten Bestellgrenze. Diese Bestellgrenze richtet sich einerseits nach dem durchschnittlichen Bedarf im Überprüfungsintervall, andererseits nach der Wiederbeschaffungszeit und einem Sicherheitsbestand.

> Vorteil dieses Verfahrens ist eindeutig, dass durch die Regelmäßigkeit der Bestellung, und folglich auch Lieferung, Lieferterminverzögerungen oder andere Probleme des Bestellablaufes reduziert werden können. Oft ist dieses Verfahren auch durch den Lieferanten bedingt, der beispielsweise nur an einem bestimmten Wochentag liefert. Das Überprüfungsintervall ist somit eine Woche und der Tag der Überprüfung kann über die Wiederbeschaffungszeit retrograd errechnet werden.

In der Praxis findet man auch Mischformen aus Bestellpunkt- und Bestellrhythmusverfahren. Hierzu bedient man sich der Vorteile aus beiden Verfahren. Man verbindet beispielsweise eine regelmäßige Überprüfung mit einem Meldebestand. Eine Bestellgrenze ist ebenfalls definiert. Somit wird nicht automatisch bei einem Materialverbrauch ein Bestellvorschlag ausgelöst. Diese dispositive Regelung ist bei schwankendem Materialverbrauch von Vorteil, da geringe Verbräuche keine geringen Bestellmengen nach sich ziehen.

2.4. Verfahren der Losgrößenrechnung

Im Rahmen der Nettobedarfsrechnung wurden vom System die Unterdeckungsmengen zu den jeweiligen Bedarfsterminen ermittelt. Diese Unterdeckungsmengen müssen nun durch Zugänge abgedeckt werden. Die Höhe der Zugänge wird vom System während eines Planungslaufs in der Losgrößenberechnung festgelegt. Das einzusetzende Verfahren zur Losgrößenberechnung wird bereits im Materialstammsatz festgelegt.

Ebenfalls im Materialstammsatz können zusätzliche Restriktionen wie z. B. Mindestgröße oder maximale Losgröße angegeben werden. Diese Restriktionen werden bei der Losgrößenberechnung berücksichtigt, d. h. die Losgröße wird auf die Mindestlosgröße aufgerundet oder es wird eine Zusammenfassung der Bedarfe über die maximale Losgröße hinaus verhindert.

Ebenso kann z. B. im Materialstammsatz ein Rundungswert eingegeben werden, um so z. B. die Losgröße auf Verpackungseinheiten abzustimmen. Auch diese Angaben werden natürlich vom System bei der Losgrößenberechnung berücksichtigt.

> Im Gegensatz zur manuellen Bestellpunktdisposition, die nur statische und periodische Verfahren zulässt, können bei der maschinell gestützten stochastischen und deterministischen Disposition alle Verfahren angewendet werden.

Zahllose Untersuchungen in der Literatur und in der Praxis zeigen, dass die optimierenden Verfahren der Losgrößenberechnung hinsichtlich der Gesamtkosten zu einem besseren Ergebnis führen als die nachfolgend ebenfalls dargestellten statischen oder periodischen Losgrößenverfahren. Insbesondere im Ersatzteilgeschäft, wo es nur einstufige Produkte gibt, sind die optimierenden Verfahren den Anderen unbedingt vorzuziehen.[54]

Wichtig ist noch zu erwähnen, dass die Losgrößen bei sich veränderndem Bedarfsverhalten angepasst werden müssen.

2.4.1. Statische und periodische Verfahren der Losgrößenrechnung

Die statischen und periodischen Verfahren der Losgrößen- bzw. Bestellmengenrechnung sind dadurch gekennzeichnet, dass Kosten, die durch den Beschaffungsvorgang oder das Rüsten sowie durch die Lagerhaltung entstehen, nicht berücksichtigt werden.

Zu den statischen Verfahren sind zu rechnen:

Exakte Losgröße:
Bei Unterdeckung wird genau die Unterdeckungsmenge, d. h. der Nettobedarf (Bedarf – verfügbarer Bestand) als Losgröße eingesetzt; sog. Lot-for-Lot-Verfahren.

Feste Losgröße:
Eine feste Losgröße ist sinnvoll, wenn Restriktionen (z. B. Palettengröße oder Tankinhalte) zu berücksichtigen sind. Sofern zur Abdeckung des Nettobedarfs die Menge einer festen Losgröße nicht ausreicht, sind mehrere Lose in Höhe der festen Losgröße zum gleichen Termin zu bestellen, bis kein Nettobedarf mehr vorliegt.

---

54) Siehe Hoppe, Marc, a.a.O., S. 505.

Wiederauffüllmenge:
Die Losgröße entspricht der Differenz zwischen verfügbarem Bestand und dem festgelegten Lagerhöchstbestand. (Die Berechnung einer Losgröße nach dem Kriterium „Auffüllen bis zum Lagerhöchstbestand" kommt nur im Rahmen der verbrauchsgesteuerten Disposition in Betracht.)

Eindeckzeitlosgröße:
Es werden alle Bedarfe innerhalb eines Zeitabschnitts zu einer Losgröße zusammengefasst. Die Periodenlängen können Tage, Wochen oder Monate sein. Dabei kann die Länge des Zeitabschnitts in Abhängigkeit von einer ABC-Klassifizierung festgelegt werden.

2.4.2. Optimierende Verfahren der Losgrößenrechnung

Sowohl bei den statischen als auch bei den periodischen Losgrößenverfahren werden Kosten, die durch den Beschaffungsprozess und die Lagerhaltung, durch Rüsten oder durch den Einkaufsvorgang entstehen, nicht berücksichtigt. Zielsetzung der optimierenden Losgrößenverfahren ist es, so viele zeitlich aufeinanderfolgende Bedarfe zu einem Los zusammenzufassen, bis die Summe aus den beschaffungsabhängigen Kosten und den Kosten der Lagerhaltung minimiert wird.[55] Die Gesamtkosten setzen sich dabei aus losgrößenfixen Kosten (Rüst- oder Bestellkosten) und Lagerhaltungskosten zusammen. Dabei muss der Zielkonflikt zwischen häufigen Bestellungen (→ geringe Lagerhaltungskosten, aber hohe Bestellkosten) und seltenen Bestellungen (→geringe Bestellkosten, aber hohe Lagerhaltungskosten) möglichst optimal gelöst werden.

Sofern die optimale Losgröße nach der klassischen Losgrößenformel – auch Andlersche Formel genannt – errechnet wird, zeigt sich, dass diese dann erreicht wird, wenn im Kostenminimum die losgrößenfixen Kosten und die variablen Lagerhaltungskosten gleich hoch sind. Für fremdbezogene Artikel ist – ausgehend von einem konstanten Jahresbedarf – folgende Formel zugrunde zu legen:

$$K_{Ges} = K_{Bestell} + K_{Lager} \qquad \Rightarrow (Min)$$

---

[55] Siehe im Einzelnen vom Verf., Materialwirtschaft, a.a.O., S. 400 ff.

Der Lagerhaltungskostensatz erlaubt es, für alle Artikel bei Anhebung des Satzes die Losgröße zu verringern. In diesem Fall erfolgt eine Veränderung des Lagerhaltungskostensatzes aus vorratspolitischen Gründen, also losgelöst von der Kostenoptimierungsproblematik.

Die nachstehenden Verfahren simulieren die sog. klassische Losgrößenformel, die aufgrund fehlender Praxisnähe für die nachstehende Problematik nicht anwendbar ist.

Optimale Losgröße: $X_{opt} = \sqrt{\dfrac{200 * \text{Jahresbedarf} * \text{Bestellkosten}}{\text{Stückpreis} * \text{Lagerhaltungskostensatz}}}$

Für alle beschriebenen optimierenden Losgrößenverfahren geht das System nach folgendem Prinzip vor:
Ausgangspunkt ist der erste aus der Nettobedarfsrechnung ermittelte Unterdeckungstermin. Die zu diesem Zeitpunkt bestehende Unterdeckungsmenge muss mindestens bestellt werden. Anschließend addiert das System sukzessive jeweils die nächste Unterdeckungsmenge zu dieser Losgröße, bis das – vom gewählten Verfahren abhängige – Kostenoptimum erreicht ist.

> Die verschiedenen dynamischen Verfahren der optimierenden Losgrößen- bzw. Bestellmengenrechnung können nur zu Näherungslösungen führen. Sie unterscheiden sich in der Art des Kostenminimums.

Das nachfolgende Beispiel 7 illustriert die Vorgehensweise.

Beispiel 7: Vorgehensweise im Rahmen der dynamischen Losgrößenoptimierungsrechnung

Für die Lagerhaltungskosten gilt:

Lagerhaltungkosten / Zinstag $= \dfrac{\text{Bedarf} * \text{Preis} * \text{Lagerhaltungskostensatz}}{100 * 360}$

Gegeben sei folgende Bestellsituation:

Preis	: 20,- EUR / ME
Bestellkosten	: 100 EUR / Bestellung (losgrößenfixe Kosten)
Lagerhaltungskostensatz	: 10 % (Bestandskosten)[56]

Zinstage: 360

Daraus errechnet sich:

- Lagerhaltungskosten / Stück / Tag =

$$= \frac{20,\text{- EUR} * 10\,\%}{360} = 0{,}0056$$

Dabei wird stets – wie bereits erwähnt – vom Unterdeckungstermin ausgegangen:[57]

Spalte 1	Spalte 2	Spalte 3	Spalte 4	Spalte 5	Spalte 6	Spalte 7	Spalte 8
Bedarfstermin	Bedarfsmenge	Losgröße	Losgrößenfixekosten	Lagerhaltungskosten	∑ Lagerhaltungskosten	Gesamtkosten	Stückkosten
06.06.	1.000	1.000	100	19,60	19,60	119,60	0,1196
13.06.	1.000	2.000		39,20	58,80	158,80	0,0794
20.06.	1.000	3.000		78,40	137,20	237,20	0,0791
27.06.	1.000	4.000		117,60	254,80	354,80	0,0887
04.07.	1.000	5.000		156,80	411,60	511,60	0,1023

Tabelle 8: Ermittlung der optimalen Bestellmenge bei verschiedenen Verfahren der optimierenden Losgröße

---

[56] Es ist sinnvoll, nur die variablen Lagerhaltungskosten, die durch die Höhe der Bestandskosten (Zinsaufwand + kalkulatorische Wagnisse) definiert sind, zugrunde zu legen, da die fixen Lagerhaltungskosten (Kosten für Lagerpersonal, -raum und -inventar) durch die jeweilige Höhe des Bestandsniveaus (s. Tabelle 1 unter Ziffer 1. im Ersten Abschnitt) zumindest kurzfristig nicht beeinflusst werden. Die Bestandskosten liegen zwischen 10 bis 15 % und sind in starkem Maß abhängig von der Geldmarktsituation. Für die Dauer der Eindeckungszeit ist der variable Lagerhaltungskostensatz als konstant anzunehmen.

[57] Siehe auch die Ausführungen und Beispiele zur Berechnung der optimalen Losgröße bei Hoppe, Marc, a.a.O., S. 495 ff.

2.4.2.1. Das Kostenausgleichsverfahren

Dieses Verfahren, das in SAP Stück-Perioden-Ausgleichsverfahren – begrifflich identisch mit dem Part-Period-Verfahren – genannt und im Ansatz dem Kostenausgleichsverfahren gleichgesetzt wird,[58] nutzt die Eigenschaft der klassischen Losgrößenformel, bei der beim Kostenminimum die variablen Kosten (Lagerhaltungskosten) den losgrößenfixen Kosten / Bestellkosten entsprechen.

Es werden solange aufeinanderfolgende Bedarfsmengen zu einem Los zusammengefasst, bis die Summe der Lagerhaltungskosten (Spalte 6) näherungsweise den losgrößenfixen Kosten / Bestellkosten (Spalte 4) entspricht.

Im Beispiel 7 ergibt sich für die Lagerhaltungskosten folgende Berechnung, wobei die zugrundeliegenden Bestelltermine und Bedarfe den Tabellen 8 und 9 zu entnehmen sind:

Bedarfs-termin	Bedarfs-menge	Lagerhaltungskosten / Tag / ME
		Lagerhaltungskosten * Bedarfsmenge * Lagerdauer
06.06.	1.000	0,0056 * 1.000 * 3.5 = 19.6
13.06.	1.000	0,0056 * 1.000 * 10.5
20.06	1.000	0,0056 * 1.000 * 17.5
27.06.	1.000	0,0056 * 1.000 * 24.5
04.07.	1.000	0,0056 * 1.000 * 31.5

Ergebnis:

- Die günstigste Losgröße liegt bei 3.000 Stück, da bei einer zusätzlichen Bedarfszusammenfassung die Summe der Lagerhaltungskosten größer als die losgrößenfixen Kosten wäre. Die nach dem Kostenausgleichsverfahren errechnete Losgröße wird zum Termin 06.06. bestellt.

---

[58] Die Fallstudie unter Ziffer 2.6. in diesem Abschnitt zeigt, dass sich in der Praxis das Stück-Perioden-Ausgleichsverfahren im Ansatz vom Kostenausgleichsverfahren unterscheiden kann. Gleichwohl führen beide Verfahren zum selben Ergebnis. – Siehe auch vom Verf., Materialwirtschaft, a.a.O., S. 414 ff.

Das Kostenausgleichsverfahren wird in der Praxis bisweilen den sog. Stück-Perioden-Ausgleichsverfahren gleichgesetzt, obwohl – wie die Fallstudie unter Ziffer 6 in diesem Abschnitt verdeutlicht – sich beide Verfahren hinsichtlich der Vorgehensweise unterscheiden. Doch führen sie stets zum selben Ergebnis.[59]

2.4.2.2. Verfahren der gleitenden wirtschaftlichen Losgröße

Bei der gleitenden wirtschaftlichen Losgröße fasst das System solange aufeinanderfolgende Bedarfsmengen zusammen, bis die Gesamtkosten pro Stück (= Stückkosten) ein Minimum bilden. Bei der Ermittlung der Gesamtkosten werden die jeweils bis zu dem Bedarfstermin angefallenen Lagerhaltungskosten und die losgrößenfixen Kosten zusammengefasst (Spalte 7).

In dem vorliegendem Beispiel 7 ergibt sich folgende Berechnung:

Bedarfstermin 06.06.:

$$\frac{100,\text{- EUR} + 19,60\ (1/2\ \text{Lagerkostensatz})}{1.000} = 0{,}1196\ \text{EUR}$$

Bedarfstermin 13.06.:

$$\frac{58{,}80\ \text{EUR} + 100{,}\text{- EUR}}{2.000} = 0{,}0794\ \text{EUR}$$

Bedarfstermin 20.06.:

$$\frac{137{,}20\ \text{EUR} + 100{,}\text{- EUR}}{3.000} = 0{,}0791\ \text{EUR}$$

Bedarfstermin 27.06.:

$$\frac{254{,}80\ \text{EUR} + 100{,}\text{- EUR}}{4.000} = 0{,}0887\ \text{EUR}$$

---

[59] Siehe vom Verf., Materialwirtschaft, a.a.O., S. 410 ff.

Bedarfstermin 04.07.:

$$\frac{411{,}60 \text{ EUR} + 100{,}- \text{ EUR}}{5.000} = 0{,}1023 \text{ EUR}$$

Die minimalen Stückkosten liegen demnach mit 0,0791 EUR bei 3.000 ME, da bei Berücksichtigung der nachfolgenden Bedarfsmenge die Stückkosten wiederum ansteigen.

> Die Berechnung wird also solange fortgesetzt, bis es zu einem höheren Wert als dem zuletzt berechneten kommt, auch bei gleich hohen Werten.

Das Verfahren der gleitenden dynamischen Losgrößenberechnung führt nicht in allen Fällen zum selben Ergebnis wie bei der Anwendung des Kostenausgleichsverfahrens. In der Praxis wird daher bisweilen auf der Basis beider Verfahren die optimale Losgröße ermittelt. Der Disponent muss sich sodann für die eine oder andere Losgröße entscheiden.

2.4.2.3. Dynamische Planungsrechnung

Bei der dynamischen Planungsrechnung werden solange Bedarfsmengen zu einem Los zusammengefasst, bis die zusätzlich anfallenden Lagerkosten größer als die losgrößenfixen Kosten sind.
Im Beispiel liegt das Optimum bei einer Losgröße von 3.000 Stück, da bei einer Bestellung von zusätzlichen 1.000 Stück für den 27.06. die Lagerhaltungskosten mit 117,60 EUR größer als die losgrößenfixen Kosten (100,- EUR) wären.

2.4.2.4. Losgrößenverfahren nach Groff

Das Losgrößenverfahren nach Groff beruht auf der Tatsache, dass bei der klassischen Losgrößenformel beim Kostenminimum die zusätzlich anfallenden Lagerhaltungskosten gleich der Losfixkostenersparnis sind. Es erfolgt eine Gegenüberstellung der zusätzlichen Lagerhaltungskosten (durch Erhöhung der Losgröße) und der daraus resultierenden Losfixkostenersparnis. Dabei gilt:

$$\text{Lagerkosten} = \frac{\text{zusätzlicher Bedarf} * \text{Preis} * \text{Lagerhaltungskostensatz}}{100 * 360 * 2}$$

$$\text{Losfixkostenersparnis} = \frac{\text{Losfixkosten}}{\text{Lagerdauer (Tage)} * (\text{Lagerdauer} + 1)\text{ (Tage)}}$$

Wendet man das Losgrößenverfahren nach Groff auf das vorige Beispiel an so erhält man folgende Tabelle 9:

Bedarfs-termin	Bedarfs-menge	Los-größe	Fix-kosten	Losfixkosten-ersparnis	Zusätzliche Lagerhaltungs-kosten
06.06.	1.000	1.000	100	0	0
13.06.	1.000	2.000		1,79	2,78
20.06.	1.000	3.000		0,48	5,56
27.06.	1.000	4.000		0,22	8,33
04.07.	1.000	5.000		0,12	11,11

Tabelle 9: Ermittlung der optimalen Bestellmenge nach dem Groff'schen Losgrößenverfahren

Die günstigste Losgröße liegt hier also bei 1.000 Stück, da bereits bei einem zusätzlichen Bedarf von 1.000 Stück die zusätzlichen Lagerkosten die Loskostenersparnis überschreiten würden. Nachdem die Losgrößen zur Bedarfsdeckung ermittelt wurden, müssen die daraus resultierenden Bestellvorschläge zeitlich eingeplant, d. h. terminiert werden. Im Falle von stochastisch geplanten Materialien sind die Bedarfstermine in der Zukunft bekannt. Mittels der Terminierung wird also – im Rahmen der Fremdbeschaffung – der Termin ermittelt, an dem das Material bestellt werden muss, damit es zum Bedarfstermin verfügbar ist (sog. Rückwärtsterminierung).

Bei der Terminierung von fremdbeschafften Materialien werden folgende Zeiten berücksichtigt:

- Planlieferzeit in Kalendertagen
- Bearbeitungszeit für den Einkauf in Werktagen
- Wareneingangsbearbeitungszeit in Arbeitstagen

Werden Planungsaufträge erstellt, so wird zusätzlich der Eröffnungshorizont im Rahmen der deterministisch oder stochastisch geplanten Bedarfe mit einbezogen.

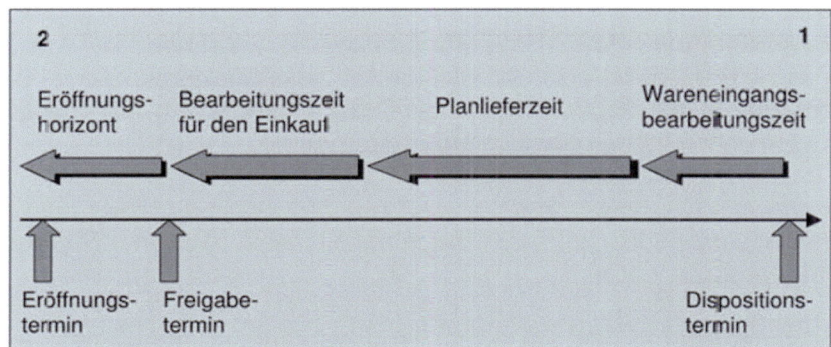

Abbildung 23: Vorgehensweise bei der Rückwärtsterminierung

Das Verfahren der Vorwärtsterminierung wird für stochastisch disponierte Materialien nicht angewendet.

2.5. Berechnung des dynamischen Sicherheitsbestandes in Abhängigkeit vom Servicegrad

Um die möglichen Abweichungen der tatsächlich benötigten Materialmengen von der Prognosemenge abzufangen, ist ein Sicherheitsbestand im Lager notwendig. Dieser sollte jedoch aufgrund der anfallenden Lagerhaltungskosten möglichst gering gehalten werden.
In die Berechnung des Sicherheitsbestandes fließen verschiedene Größen ein, wobei Genauigkeit der vergangenen Daten (Datenqualität) vorauszusetzen ist:

- Der Lieferbereitschaftsgrad, der im Materialstamm hinterlegt ist. Die Lieferbereitschaft gibt den Prozentsatz an, mit dem Bedarfsanforderungen in dem betrachteten Zeitraum (aufgrund der verfügbaren Lagerbestände) unmittelbar erledigt werden konnten.[60]
  - Die Kennzahl lautet demnach:
    Lieferbereitschaftsgrad = Bedarfsservice[61]

---

60) Vgl. vom Verf., Materialwirtschaft, a.a.O., S. 425 ff.
61) Siehe im Einzelnen unter Ziffer 2. im Vierten Abschnitt.

- Bedarfsservice = $\dfrac{\text{Anzahl der sofort bedienten Anforderungen / Periode} * 100}{\text{Anzahl der Anforderungen / Periode}}$

- Wiederbeschaffungszeit, d. h. die Zeitspanne zwischen der Auslösung einer Bestellung und der Einlagerung des Materials. Sie ist bei Eigenfertigung die Eigenfertigungszeit, bei Fremdbezug die Planlieferzeit zuzüglich Wareneingangsbearbeitungszeit.

> Wenn die Wiederbeschaffungszeit um das x-fache größer als die Prognoseperiode ist, so muss MAA auf diesen Zeitraum umgerechnet werden.

Der Sicherheitsbestand wird bei einem Prognoselauf neu berechnet.

Das statistisch geeignete Streuungsmaß für Prognosefehler ist die Standardabweichung. Dennoch verwendet man in der Praxis überwiegend die Mittlere Absolute Abweichung (MAA) oder auch Medium Absolute Deviation (MAD) genannt. Diese entspricht der Summe der absoluten Fehler bei der Bedarfsprognose, geteilt durch die Anzahl der berücksichtigten Fehler. Da bei normal verteilten Prognosefehlern – und nur in diesem Fall – für MAA die gleichen mathematischen Gesetzmäßigkeiten gelten wie für die Standardabweichung, kann der Sicherheitsfaktor für einen gewünschten Servicegrad ermittelt werden.

In Tabelle 10 sind Sicherheitsfaktoren für unterschiedliche Servicegrade zusammengestellt. Die Berechnung des Sicherheitsbestandes erfolgt dann nach der Formel

- BSI = SF * MAA
  MAD * 1,25 = SIGMA

Dabei bedeuten:

BSI = Sicherheitsbestand
SF = Sicherheitsfaktor
MAA = mittlere absolute Abweichung (Medium Absolute Deviation)

Durch die Festlegung von SF für MAA – wie in Tabelle 10 geschehen – lassen sich die Multiplikationen vermeiden, d. h. SQ wurde bereits um 1,25 korrigiert.

Servicegrad	Sicherheitsfaktor
50,0	0,00
78,81	1,00
84,13	1,25
94,52	2,00
97,72	2,50
99,18	3,00
99,87	3,75

Tabelle 10: Sicherheitsfaktoren für unterschiedliche Servicegrade bei normalverteilten Vergangenheitswerten[62]

Wie sind die in Tabelle 10 aufgelisteten Zahlen zu interpretieren?

Die Ergebnisse sind eindeutig und – betriebswirtschaftlich gesehen – auch nicht anders zu erwarten:

- Die Wahrscheinlichkeit, dass der Verbrauch kleiner oder gleich der Prognose ist, beträgt 50 %. Dieser Servicegrad wird durch einen Sicherheitsbestand in Höhe der mittleren absoluten Abweichung erreicht.

- Eine Erhöhung des Servicegrades über 50 % setzt einen Sicherheitsbestand voraus, der größer ist als die mittlere absolute Abweichung.

- Ein relativ hoher Servicegrad führt „zwangsläufig" zu einer überproportionalen Erhöhung des Sicherheitsbestandes.

- Ein 100 %iger Servicegrad ist – mathematisch und statistisch gesehen – nicht zu erreichen.

In Abbildung 24 ist der exponentiell verlaufende Anstieg der variablen Lagerhaltungskosten, der durch den vom jeweils definierten Servicegrad ausgelösten Sicherheitsbestand verursacht wird, schematisch dargestellt.

---

[62] Siehe auch Hoppe, Marc, a.a.O., S. 381 f. – Aus der hier wiedergegebenen Tabelle lässt sich ein Sicherheitsfaktor k bestimmen, der einen entsprechenden Servicegrad gewährleistet. Dabei wird eine Normalverteilung der zukünftigen Bedarfe zugrundegelegt.

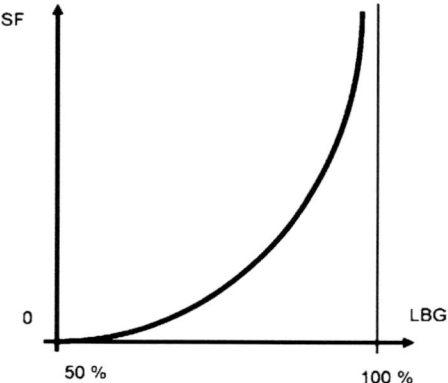

Abbildung 24: Exponentiell verlaufender Anstieg der Lagerhaltungskosten / Kapitalbindungskosten in Abhängigkeit vom Servicegrad

Welche Konsequenzen sind aus dieser Problematik zu ziehen? Diese sollten im Wesentlichen auf folgende Maßnahmen abzielen:

- Differenzierte Festlegung des Servicegrades zumindest auf der Basis der ABC- und XYZ-Analyse.
- Implementierung „lagerloser" Logistikstrategien wie JiT- und JiS-Konzepte auf der Basis von Suksessivlieferverträgen.
- Einrichtung von Konsignations- und / oder Lieferantenlagern auf der Grundlage von Rahmenverträgen und Lieferplänen.
- Outsourcing unkritischer Artikel und Einschaltung von Einkaufsdienstleistern.

Grundsätzlich ist festzuhalten:

> Dieses mathematisch-statistische Verfahren in Verbindung mit der optimierten Losgrößenberechnung entspricht nicht nur der unternehmenspolitischen Zielsetzung nach einem kostenbewussten Bestandsmanagement, sondern berücksichtigt auch die Anforderungen der Kunden nach maximaler Termintreue, die weitgehend durch eine möglichst hohe Prognose- und Dispositionsqualität erreicht wird.

2.6. Fallstudie: Berechnung der optimalen Losgröße auf Basis des Stück-Perioden-Ausgleichsverfahrens (Praxisbeispiel)

In einem mittelständischen Unternehmen der Elektronikbranche mit Einzel- und Kleinserienfertigung werden die Losgrößen aller aktiven Artikel unabhängig von deren ABC-Status auf der Basis des Stück-Perioden-Ausgleichsverfahrens optimiert. Dabei werden deterministisch und stochastisch ermittelte Bedarfe artikelbezogen berücksichtigt. Als Prognoseverfahren wird die exponentielle Glättung 1. Ordnung eingesetzt, wobei der Glättungsfaktor Alpha in Abhängigkeit vom Schwankungskoeffizienten[63] variiert.

Die Vorgehensweise bei diesem Verfahren soll anhand eines Beispiels dargestellt werden.
Dabei wird der rechnerisch ermittelte Bestellvorschlag zum Liefertermin des Fabrikkalendertages 3974 kontrolliert. Im weiteren Verlauf sind alle genannten Termine Fabrikkalendertage (FKT).

Folgende Formeln sind notwendig:

- $\text{SLHK} = \dfrac{\text{Lagerhaltungskosten (EUR)}}{\text{Stück} * \text{Tage}} = \dfrac{P}{\text{Stück}} * \dfrac{\text{LHS}}{100} * \dfrac{1}{A}$

SLHK = Spezifische Lagerhaltungskosten
P = Ø Preis
LHS = Lagerhaltungskostensatz
A = Werktage

- Optimale Stück-Tage =
  = Part-Period-Wert $= \dfrac{\text{Bestellkosten}}{\text{Spez. Lagerhaltungskosten}} = \dfrac{BK}{SLHK}$

Ausgangspunkt ist die Annahme, dass dann die optimale Bestellmenge erreicht ist, wenn die Bestellkosten näherungsweise den Lagerhaltungskosten entsprechen.

---

63) Siehe unter Ziffer 1.2. im Zweiten Abschnitt.

Beispiel 8: Bestellmengenrechnung nach dem
Stück-Perioden-Ausgleichsverfahren

Die aktuellen Ausgangswerte für die Teilenummer 508-3448 gemäß Dispositionsliste sind:[64]

LHS = 40 %
P   = 3,81 EUR
A   = 250 Tage
BK = 80,00 EUR

Daraus folgt der spezifische Lagerhaltungskostensatz:

$$SLHK = \frac{3{,}81\ EUR * 40}{250\ Tage * 100} = \underline{0{,}006096\ EUR / Tag / Stück}$$

Und die optimale Stück-Tagemenge:

$$Stück\text{-}Tage = \frac{80{,}00\ EUR}{0{,}006096\ EUR / Tag} = \underline{13.123\ Tage}$$

Für die bekannten Bedarfe wird die Differenz zwischen Bedarfstermin und momentanem Fabrikkalendertag (FKT) gebildet. Dies ergibt die Stück-Tage zu den einzelnen Bedarfsterminen. Die Werte werden solange addiert, bis der erste Bedarfstermin die optimalen Stück-Tage überschreitet. Ist dies der Fall, erfolgt für diesen Bedarf eine Look-ahead-Abfrage,[65] die ermitteln soll, ob dieser noch in das Los aufgenommen werden soll oder nicht.

Der Ist-Eindeckungstermin (TEIST) soll der FKT 3994 sein. Also sind folgende in der Abbildung 25 aufgeführten Bedarfe zusammenzufassen:

---

64) Der Lagerhaltungskostensatz (LHS) in Höhe von 40 % ist als vorratspolitisches Datum anzusehen, um unter Beachtung interner und externer Auswirkungen das Bestandsniveau möglichst niedrig zu halten.
65) Die Look-Ahead-Abfrage entspricht in etwa der unter 2.4.2.3. in diesem Abschnitt skizzierten dynamischen Planungsrechnung. – Siehe im Einzelnen vom Verf., Materialwirtschaft, a.a.O., S. 418 ff.

Spalte 1	Spalte 2	Spalte 3		Spalte 4	Spalte 5
Bedarfstermin	Differenz zum TEIST	Bedarfsmenge FKT (Stück)	kumul.	Spalte (2)*(3) (*)	Spalte (4) kumuliert (*)
3995	1	10	10	10	10
4015	21	10	20	210	220
4033	39	6	26	234	454
4035	41	10	36	410	864
4053	59	24	60	1.416	2.280
4055	61	10	70	610	2.890
4068	74	12	82	888	3.778
4075	81	10	92	810	4.588
4088	94	48	140	4.512	9.100
4095	101	10	150	1.010	10.110
4115	121	10	160	1.210	11.320
4135	141	10	170	1.410	12.730
4155	161	10	180	1.610	14.340
4175	181	10	190	1.810	16.150

(*) Diese beiden Spalten geben die Stück-Tage an.

Abbildung 25: Berechnungsbeispiel Stück-Perioden-Ausgleichsverfahren

Die Bedarfe mit jeweils 10 Stück sind die ungeplanten Bedarfe (20 Tage Unterschied = 1 Monat), die übrigen die geplanten.

Zum Termin 4155 sind die optimalen Stück-Tage von 13.123 überschritten worden. Für diesen Bedarf wird nun eine Look-Ahead-Abfrage durchgeführt.

Die Zeitdifferenz vom folgenden zum übernächsten Bedarfstermin beträgt 20 Tage. Multipliziert mit der Menge von 10 Stück, ergeben sich 200 Stück-Tage. Dieser Wert ist kleiner als die letzten Stück-Tage von 1.610. Somit wird nur noch der Bedarf zum FKT 4135 berücksichtigt.

Wie das Beispiel zeigt, wird der schrittweise Rechenprozess solange fortgesetzt, bis die errechneten und kumulierten Stück-Tage den optimalen Stück-Tage-Wert (= Part-Period-Wert) erreicht haben.

Festzuhalten bleibt:

- Die optimale Bestellmenge ist dann gefunden, wenn der zuvor errechnete Part-Period-Wert durch die Hinzunahme weiterer Stück-Tage überschritten wird.
- Die Aufgabe der Look-Ahead-Abfrage ist, zu verhindern, dass ein kleiner Bedarf, der nur sehr geringe Lagerhaltungskosten verursacht, das Auslösen einer neuen Bestellung bewirkt.

Das Stück-Perioden-Ausgleichsverfahren hat sich bewährt, da es eine bedarfsorientierte Optimierung gewährleistet.

Die Vorgabe von minimalen oder maximalen Bestellmengen besitzt allerdings Priorität vor der ermittelten optimalen Bestellmenge.
Die maximale Bestellmenge liegt bei einem 12-Perioden-Bedarf, um bei Stücklistenänderungen Verschrottungen zu minimieren. Bei Optimierungsrechnungen für C-Artikel wird die Obergrenze relativ häufig überschritten.

Vierter Abschnitt

Kennzahlen zum Bestandscontrolling und zur Messung der Supply Chain-Performance

Kontrolle im Rahmen der Materialdisposition heißt nicht Nachprüfung der Dispositionsvorgänge im Sinne einer internen Revision. Vielmehr ist die Möglichkeit zur Steuerung der Vorratshaltung gemeint, für die sich Kennzahlen als wertvolle Hilfsmittel insbesondere dann erweisen, wenn sie als Soll-Größen vorgegeben werden. Das gilt auch für die Messung der Supply Chain-Performance.

Der Controllingprozess reicht – wie unter Ziffer 4.3. im Ersten Abschnitt bereits erwähnt – von der Zielvereinbarung bis zur Abweichungsanalyse.

1. Kennzahlen der Materialdisposition

Die Überwachung der Bestände und ihre Ergänzung kann in der Regel relativ leicht aufgrund der in das System eingegebenen Daten über die Sicherheitsbestände, Lagerhöchstbestände, Bestellpunktbestände (=Meldebestände) und Bestellmengen / Losgrößen erfolgen. Dagegen bedarf es zur Kontrolle der Wirtschaftlichkeit der Vorratshaltung bei gleichzeitiger Sicherung der Lieferbereitschaft, der Bildung und regelmäßigen Errechnung von Kennzahlen. Mit anderen Worten: Die Kennzahlen müssen auf die Hauptaufgaben der Disposition abgestimmt sein.

2. Kennzahlen für die Steuerung der Lieferbereitschaft

Gebräuchlichste Kennzahl für die primäre Zielsetzung von Einkauf und Logistik – der Materialwirtschaft – Sicherung der Lieferbereitschaft – ist der Servicegrad. Dieser kann als Bedarfs- und Stückservice ermittelt werden.

- Bedarfsservice = $\dfrac{\text{Anzahl der sofort bedienten Anforderungen / Periode} * 100}{\text{Anzahl der Anforderungen / Periode}}$

- Stückservice = $\dfrac{\text{Sofort bediente Menge} * 100}{\text{Gesamtanforderungsmenge / Periode}}$

3. Kennzahlen zur Überwachung der Bestände

Zur Beurteilung der Bestände und der Bestandsentwicklung, die auf der Grundlage einer kombinierten ABC- / XYZ-Analyse erfolgen sollte, steht eine Reihe von Kennzahlen zur Verfügung. Dazu gehören:

- Vorräte in EUR (Tausend) und in Prozent zum Umsatz des Folgejahres
- Bestände in EUR (Tausend) und in Prozent zur Bilanzsumme (des eingesetzten Vermögens); sog. Vorratsintensität
- Prozentanteil in EUR (Tausend) an den Gesamtvorräten
  - für Roh-, Hilfs- und Betriebsstoffe
  - für unfertige Erzeugnisse (Halbfabrikate)
  - für Fertigerzeugnisse
- Stockende Bestände in EUR (Tausend), wenn Umschlagkennziffern z. B. Lagerumschlag < 2
- Total- bzw. Gesamtbestände in EUR (Tausend), freigegeben zum Verkauf, Recycling oder Entsorgung
- Konsignationslagerbestände der Lieferanten im Lager und Betrieb in EUR (Tausend) und Prozent an Gesamtbeständen
- Fremdlagerbestände aus vereinbarter Vorfertigung bei Lieferanten zum Abruf (unbezahlt) in EUR (Tausend)
- Bei Lieferanten zur Aufarbeitung (Recycling) ausgelagerte Bestände in EUR (Tausend)
- Bestände ohne Bewegung („Bodensatz")
  - Zeigt sich, dass sich einzelne Lagerpositionen über einen längeren Zeitraum (z. B. 1 Jahr) nicht „bewegen", so können nicht erkannte Änderungen von Einflussgrößen, Fehlsteuerungen oder Störungen die Ursache sein. Bei steigender Tendenz sind die Dispositionsparameter zu überprüfen.

- Nicht mehr verwertbare Bestände in Prozent am Umsatz
  - Nicht mehr verwertbare Bestände sind im Wesentlichen auf Planungsfehler oder nicht vorhersehbare technische Änderungen / Innovationen zurückzuführen. Bei einem tendenziellen Anstieg der Kennzahl ist eine sorgfältige Schwachstellenanalyse angezeigt.

Die wichtigsten Kennzahlen für die Bestandsüberwachung sind folgende:

(1) Durchschnittlicher Lagerbestand

(2) Umschlagshäufigkeit

(3) Lagerdauer

(4) Lagerreichweite

Zu (1):

- Durchschnittlicher Lagerbestand = $\dfrac{\text{Anfangsbestand} + \text{Endbestand}}{2}$

(gilt nur bei verhältnismäßig konstanten Zu- und Abgängen)

oder

$$= \dfrac{\text{Jahres-Anfangsbestand} + 12 \text{ Monats-Endbestände}}{13}$$

Der durchschnittliche Lagerbestand gibt an, in welcher Höhe Kapital im Durchschnitt einer Periode (Jahr) durch die Lagervorräte gebunden wird. Er kann bei einer gegebenen Jahresbedarfsmenge je nach Höhe der Bestellmenge bzw. der Bestellhäufigkeit sehr unterschiedlich hoch sein und die Kapitalbindung entsprechend beeinflussen.

Die Ermittlung der Lagerumschlagshäufigkeit, der Lagerhaltungskosten und der optimalen Bestellmenge setzt die Berechnung des durchschnittlichen Lagerbestandes voraus.

Zu (2):

- Umschlagshäufigkeit = $\dfrac{\text{Jahresverbrauch}}{\varnothing \text{ Lagerbestand}}$

Die Ermittlung der Umschlagshäufigkeit sollte nicht pauschal für die gesamten Lagervorräte, sondern getrennt nach Materialgruppen oder Materialpositionen (A-Artikel) errechnet werden. Andernfalls führt die Ermittlung, wie folgendes, bei einer RKW-Untersuchung gewonnenes Beispiel zeigt, zu keinem brauchbaren Ergebnis.

Beispiel 9: Differenzierte Ermittlung der Umschlagshäufigkeit
(Praxisbeispiel)

Ein Industrieunternehmen wies die durchschnittliche Umschlagshäufigkeit für die Rohstoffe mit 15 und für bezogene Teile mit 12 aus. Die für die einzelnen Materialgruppen ermittelten Umschlagszahlen variieren aber zwischen 1 und 80:

Gussteile	8	Fritten	12
Heizelemente	32	Galvanisierungsstoffe	13
Reglertrafos	20	Verpackung	80
Aggregate	7	Werkzeugstahl	1
Herdmaterial	11	Bleche	20
Schrauben und		Muttern	7
Nichteisenmetalle	5	Hilfsmaterial	3

Zu (3) und (4):

- Lagerdauer (in Tagen) = $\dfrac{\text{Zahl der Tage der Periode}}{\text{Umschlagshäufigkeit}}$

oder

$$= \dfrac{\text{Durchschnittlicher Lagerbestand} * 12}{\text{Gesamtverbrauch (pro Jahr)}}$$

Die Lagerdauer besagt, wie lange eine Materialposition oder eine Materialgruppe durchschnittlich lagert, bzw. durchschnittlich im Lager „verweilt". Zugleich liefert sie eine Aussage darüber, wieviel Verbrauchsperioden ein durchschnittlicher Bestand abdeckt.

Die durchschnittliche Lagerdauer ist nicht mit der Zeit zu verwechseln, für die ein bestimmter Bestand ausreicht, d. h. für die Reichweite der Vorratsbestände an einem Stichtag.

Ein einfaches Zahlenbeispiel soll diese begriffliche Abgrenzung verdeutlichen:

Beispiel 10: Berechnung der Lagerreichweite

In seiner einfachsten Form kann der Durchschnittsbestand für eine Materialposition aus folgenden Angaben errechnet werden:

Anfangsbestand   480,- EUR
Endbestand   120,- EUR

$$\text{Durchschnittsbestand} = \frac{480,- + 120,-\ \text{EUR}}{2} = 300,-\ \text{EUR}$$

Es wird ferner angenommen:

Konstanter Verbrauch 60,- EUR / Monat

$$\text{Dann ist die Lagerdauer} = \frac{300}{60,-\ \text{EUR / Monat}} = 5\ \text{Monate}$$

Die Dauer der Entnahmemöglichkeit ist dagegen:

$$\text{Reichweite} = \frac{480}{60,-\ \text{EUR / Monat}} = 8\ \text{Monate}$$

Der Anfangsbestand sichert den Verbrauch von acht Monaten. Im Durchschnitt wird ein Bestand gehalten, der den Verbrauch von fünf Monaten deckt.

Um die Reichweite des Lagerbestandes für Dispositionsentscheidungen im Rahmen der Bestellterminrechnung heranzuziehen, sind dem effektiven Lagerbestand die offenen Bestellungen hinzuzurechnen. Die Ist-Eindeckungszeit oder Lagerreichweite gibt sodann die Zeitspanne an, für die der verfügbare Bestand noch zur Bedarfsdeckung ausreicht.

Der Aufwand für die Ermittlung der Kennzahlen lohnt sich dann, wenn diese im Zeitablauf beobachtet, mit Kennzahlen gleich oder ähnlich gelagerter Betriebe verglichen und die Ergebnisse im Sinne einer Leistungsverbesserung verwertet werden.

4. Überwachung der Lagerbestände bzw. -kapazität

4.1. Überwachung der Lagerbestände

Lagerbestände binden in erheblichem Umfang betriebsnotwendiges Kapital, das in anderen Unternehmensbereichen rentabler eingesetzt werden könnte. Außerdem beeinflussen die Lagerbestände die Liquidität und verursachen erhebliche Kosten.[66] Deshalb versucht das Controlling Standards zu entwickeln. In diesen Steuerungsgrößen findet die Beschaffungs- und Vorratspolitik des Bestandsmanagement ihren Niederschlag. Der Vergleich mit den Ist-Werten führt bei nennenswerten Abweichungen zu entsprechenden Maßnahmen. Um die Ursachen der Abweichungen zu erforschen, haben sich in der Praxis Prüflisten als zweckmäßig erwiesen.

Der gebräuchlichste Standard ist die Soll-Lagerreichweite. Zu seiner Berechnung werden folgende Angaben benötigt:

- die Prognose des zukünftigen Bedarfs[67]
- ermittelte Beschaffungszeit
- geplante Sicherheitszeit

---

66) Siehe im Einzelnen unter Ziffer 1.3. im Ersten Abschnitt.
67) Es ist in jedem Fall zu empfehlen, bei der Ermittlung der Soll-Lagerreichweite den zukünftigen Bedarf und nicht den in der Vergangenheit verzeichneten durchschnittlichen Verbrauch zugrunde zu legen.

Die Ermittlung von Standards für jede Materialdisposition ist zu aufwändig. Zweckmäßigerweise sollten daher die Ergebnisse der ABC-Analyse herangezogen und für jede der drei Wertgruppen ein repräsentativer Standard ermittelt werden. Für den laufenden Soll-Ist-Vergleich – etwa monatlich – genügt es dann, die Standard-Lagerreichweiten der Wertgruppen mit den entsprechenden Ist-Lagerreichweiten zu vergleichen, die aus den Zahlen der Bestandsfortschreibung ermittelt werden.

Als eigener oder ergänzender Schritt kann die Analyse der Lagerreichweite verfeinert werden. Dazu ist es sinnvoll, vor allem folgende Bestände getrennt zu betrachten:

- Ersatzteile: Diese unterliegen gegenüber Teilen oder Artikeln des aktuellen Produktions- oder Verkaufsprogramms anderen Bedingungen.
- Saisonartikel: Die Jahreszyklus-Kurven saisonal beeinflusster Artikel oder Teile sind im Rahmen der Analyse zu beachten. Von Vorteil ist es, wenn derartige Artikel im Artikelstamm gekennzeichnet sind. In diesem Fall könnten die Artikel aussortiert und getrennt beurteilt werden.
- Überbestände auf der Basis bekannter Ursachen: In diese Kategorie fallen beispielhaft Artikel, für die Sonderaktionen mit aggressiver Werbung durchgeführt werden.

Darüber hinaus verdienen im Rahmen des Bestandscontrolling u. a. noch folgende Kennzahlen Beachtung.

- Anzahl der Lagerpositionen pro Million EUR Umsatz

    Diese Kennzahl wird unabhängig vom Wert der einzelnen Lagerpositionen ermittelt. Je kleiner die Anzahl der Lagerpositionen je 1 Million EUR Umsatz ist, desto niedriger sind sowohl die Kosten der Lagerhaltung (jede Lagerposition verursacht näherungsweise den gleichen Verwaltungsaufwand unabhängig von ihrem Wert pro Einheit) als auch die allgemeinen Verwaltungskosten (die z. B. von den Kosten der Erstellung von Stücklisten und Fertigungsplänen bzw. von den Beschaffungskosten im Falle von Fremdbezug abhängig sind).

- Bestände ohne Bewegungen („Bodensatz")

Werden Lagerbestände über einen längeren Zeitraum (z. B. ein Jahr) nicht in Anspruch genommen, so kann man von „Bodensatz" sprechen, der sich aufgrund von Fehlsteuerungen, nicht erkannten Veränderungen von Einflussgrößen oder auch von Störungen angesammelt hat.

Ziel des Bestandscontrollings muss es sein, den „Bodensatz" zu eliminieren bzw. nicht entstehen zu lassen.

Ein Hilfsmittel dazu ist die Überwachung der Lagerbestände zum Zeitpunkt eines Lagerzugangs. Zeigt sich eine ansteigende Tendenz, so sind die Dispositionsparameter zu überprüfen.

Darüber hinaus sollte in größeren Zeitabständen eine Untersuchung / Analyse des „Bodensatzes" erfolgen.

- Bestandsüberhänge

    Es werden alle Artikel, bei denen Lagerbestand und nicht stornierbare Bestellungen größer sind als der Gesamtbedarf, erfasst.

4.2. Überwachung der Lagerkapazität

Alle Bestands-, Losgrößen- und Kostenoptimierungen finden ihre Grenzen in der zur Verfügung stehenden Lagerkapazität. Die Überschreitung dieser Grenzen kann verschiedene Ursachen haben.[68]

- Zu große Bestellmengen
    - überzogene Preisorientierung
    - zu niedrige interne Kalkulationsfaktoren
- Verzögerte Entnahmen
    - Unterbrechung des Fertigungsdurchlaufs
    - Sortimentswechsel
    - Reduzierung der Puffer- bzw. Sicherheitsbestände
- Unvorhersehbarer Nachfragerückgang bei den Kunden
    - Veränderte Konkurrenzsituation
    - Verändertes Nachfrageverhalten

---

68) Siehe u. a. auch Abbildung 5.

Sinnvoll erscheint es in diesem Zusammenhang, Warngrenzen zu definieren, die z. B. bei einer Belegung der verfügbaren Flächen

von ≥ 80 % einen Hinweis erzeugen,
von ≥ 90 % nur selektive Annahmen zulassen und
von ≥ 95 % einen Annahmestopp für Lieferungen auslösen.

Um einen Annahmestopp zu vermeiden, ist es hilfreich, die Einlagerung des Materials in Abhängigkeit von der Umschlagshäufigkeit vorzunehmen. Damit wird einerseits ein schneller Zugriff auf die sog. „Schnelldreher" erzeugt, mit der Folge eines zeitlicher Vorteils in der Logistikkette. Andererseits wird auf diese Weise auch der Materialbereich leichter identifizierbar, der mit kalkulierbarer Reduzierung der Versorgungssicherheit ausgelagert werden könnte.[69]

Es sollte dabei aber nicht übersehen werden, dass eine Auslagerung

- Kosten für die Fremdlagerung
- zusätzliche Transportkosten
- zusätzliche Transportzeit
- zusätzliches Versorgungsrisiko

verursacht.

5. Kennzahlen zur Messung der Supply Chain-Performace

Das Logistik- bzw. Supply Chain-Controlling hat die Aufgabe, die Leistungen der Prozesse innerhalb der Supply Chain eines Unternehmens im Sinne einer Stabilitätskontrolle zu analysieren, zu messen und zu bewerten. Die Notwendigkeit für ein Unternehmen, seine Lieferanten und Abnehmer über Störungen in der Logistikkette frühzeitig zu informieren, setzt ein hohes Maß an Vertrauen zwischen den Partnern der Supply Chain voraus. Beschlossene Supply Chain-Controlling-Konzepte bestehen nur ansatzweise.[70]

---

[69] Siehe vom Verf., Materialwirtschaft, a.a.O., S. 570 ff.
[70] Siehe Hoppe, Marc, a. a. O., S. 634 f.

Inwieweit sich gleichwohl mit den richtigen Kennzahlen die Leistungsfähigkeit der Supply Chain messen und optimieren lässt, zeigt das nachfolgende Beispiel.

Beispiel 11: Ganzheitliches Monitoring der Lieferkette zur Messung der Performance (Praxisbeispiel)

Die Hoppecke Batterien GmbH & Co. KG ist, wie viele erfolgreiche Familienunternehmen, ein Global Player mit komplexen Warenflüssen, weltweiten Kunden, internationalen Lieferanten und vielen Standorten. Bereits seit 2006 produziert man unter anderem mit 500 Mitarbeitern/-innen in China. Bleibatterien recycelt das Unternehmen in der eigenen Metallhütte in Hoppecke, auch alkalische Industriebatterien wiederverwertet das Unternehmen, das den Namen seines Firmenstandortes trägt, selbst. In Zwickau kümmert sich ein F&E-Team um neue Batterietechnologien, und die eigene Systemtochter soll den Batteriespezialisten vom Komponenten- zum Systemlieferanten entwickeln.

Doch ob als Komponente oder im System, die Produktion von Batterien unterliegt eigenen Gesetzen: Elektrochemische Prozesse sind anfällig für äußere Einflüsse wie das Wetter, das sich durchaus auf die Durchlaufzeiten von Produkten auswirken kann. Regen oder Sonnenschein: Für Logistik und Materialwirtschaft können diese Unwägbarkeiten zur Herausforderung werden.

Seit dem Geschäftsjahr 2010/2011 sind diese und andere Einflüsse auf die weltweite Lieferkette für das Unternehmen zentrales Thema. Ein Supply Chain Management Projekt wurde aufgesetzt.

Ein solches Monitoring setzt den Veränderungswillen aller Beteiligten voraus.

Das Unternehmen verfügt nunmehr über ein Monitoring-System, das die Leistungsfähigkeit der Lieferkette an vielen Punkten genau misst und, wo nötig, optimiert.

Der Hauptunterschied zu früher: Das Unternehmen arbeitet mit einem rollierenden Forecast, der zur exakten Grundlage von Disposition und Produktion geworden ist. Der Effekt dieser Änderung ist spürbar: Die Bestände wurden merklich reduziert. Durch weitere Maßnahmen erhöhte das Unternehmen auch die Liefertreue seiner Lieferanten sowie die

Abliefertreue von Produktion und Logistikdienstleistern und reduzierte Logistikkosten in einem beträchtlichen Umfang. Der Informationsfluss wurde verbessert, man erkennt nunmehr frühzeitig die Engpässe und ist in der Lage, rechtzeitig zu reagieren. Außerdem wurden die Eingriffsgrenzen an den jeweiligen Stellhebeln klar definiert. Hierfür wurden in enger Abstimmung mit Geschäftsleitung und Controlling feste Kennzahlen (KPIs) definiert und stufenweise vom Kunden bis zum Lieferanten eingeführt.

Das Unternehmen bewertet nunmehr folgende Prozesse:

- Rolling- und Projekt-Forecast
- Auftragserfassung (Abweichung technisch und kaufmännisch klarer Aufträge)
- Materialverfügbarkeit (Liefer-Performance Lieferanten, Abliefertreue Vorfertigung, Fertigung und Logistikdienstleister Kunden)
- Bestandsmanagement (Umschlagshäufigkeit und Bestands-Monitoring auf Disponentenebene, Bestands-Monitoring auf allen Produktionsebenen – Rohmaterial, Komponenten, Halbfertig-/Fertigwaren, Kundeneigentum)
- Logistik (Logistik- und Transportdienstleistunger, Verpackung, Sonderdienstleistungen)

Folgende KPIs wurden hierfür definiert:

- Planungsqualität Vertrieb
  Bewertet werden die Jahres- und Absatzplanung sowie der tatsächliche Verbrauch (Make-to-Forecast, Make-to-Order, Make-to-Stock)
- Liefer-Performance Lieferanten
  Auf Basis der Lieferungen bzw. der gelieferten Menge, definiert sind pünktliche Lieferung, zu frühe Lieferung und zu späte Lieferung.
- Abliefertreue Produktion
  Verglichen wird über mehrere Fertigungsstufen hinweg das Verhältnis der Eckendtermine gegenüber den Ist-Terminen aus dem Fertigungsauftrag.

- Bestands-Monitoring
  Gemessen wird unter anderem der Bestandswert zum Stichtag pro Disponent. Für die zehn größten Bestandstreiber beziehungsweise „No-Mover" definieren die Disponenten regelmäßig Maßnahmen für den Bestandsabbau.
- Umschlagshäufigkeit Bestände:
  Definiert wird eine Zielgröße.
- Abliefertreue Logistikdienstleister:
  Gegenübergestellt wird der bestätigte Bereitstelltermin gegenüber dem Wareneingangsdatum im Lager.
- Logistikkosten:
  Definiert wird ein Zielwert beziehungsweise eine Reduzierung.

Alle Ergebnisse und Werte werden mit den Geschäftsbereichsleitern monatlich besprochen, die Feinabstimmung erfolgt im wöchentlichen Modus. Kommen die Aufträge oder kommen sie nicht ...? Ein hoher Forecast z. B. bei Personalknappheit in Urlaubszeiten wird dann besonders eng und sensibel abgestimmt; oder an den Punkten, an denen eine Schichtumstellung nötig wird. Auch die Termintreue von Lieferanten und Logistikdienstleistern hat Hoppecke durch den ganzheitlichen Blick und harte Vorgaben deutlich erhöht. Nunmehr herrscht schon Unzufriedenheit, wenn die Performance unter 95 Prozent sinkt, früher galt dieser Wert schon als echtes Highlight.

Künftig will das Unternehmen die Lieferkette noch genauer beobachten und die Performance über ein spezielles Controlling Tool steuern (gegenwertig erfolgt das Monitoring noch via Excel und den Daten aus SAP). Das SCM-Cockpit soll die Kunden spüren lassen, dass Hoppecke in Sachen Qualität und Lieferperformance immer besser wird.[71]

Als zukünftige Anforderungen an standardisierte und Ad-hoc-Kommunikationsprozesse sind unter anderem zu nennen:

- rollierende Absatzprognosen, die von Kunden in festgelegten Formaten und Rhythmen übermittelt werden

---

71) Siehe im Einzelnen, Anette Mühlberger – Der Lieferkette auf den Puls gefühlt – BIP 5, 2014, 5. Jahrgang, S. 26-27.

- Verbesserung der Prognosesicherheit. So können mathematische Modelle und Ansätze der künstlichen Intelligenz für eine Vernetzung von Wissen sorgen. Sie lassen mögliche Risiken in der externen Wertschöpfungskette erkennen. Dieses cross-funktionale Wissen kann frühzeitig generiert werden, sodass ein präventives Vorgehen gewährleistet wird.
- Szenarioplanung, bei der eine hypothetische Abfolge von Ereignissen innerhalb eines bestimmten Zeitraumes angenommen wird. Auf die Steuerung der Supply Chain wirken sich die unterschiedlich angenommenen Ereignisse (z. B. unterschiedliche Produkte, unterschiedliche Absatzmengen) auch unterschiedlich aus.

Um Versorgungsrisiken abzumildern und damit ein höheres Maß an Sicherheit und Stabilität der Supply Chain zu gewährleisten, sind darüber hinaus als Präventivmaßnahmen erhöhte Lagerbestände, Produktionsflexibilität und flexible Produktionslinien im Bestandsmanagement als eine erfolgversprechende Alternative anzusehen.

Literaturverzeichnis

Braun, Anja Tatjana: Disposition allein genügt nicht, in: Beschaffung aktuell, Nr. 5, Leinfelden 2013

Deutsche Bundesbank Eurosystem: „Verhältniszahlen aus Jahresabschlüssen deutscher Unternehmen von 2011 bis 2012, Frankfurt am Main Mai 2015

Dust / Wilde: Wissensmanagement als Grundlage einer präventiven Lieferantenbewertung, in: Beschaffung aktuell, Nr. 2, Leinfelden 2016

Hartmann, Horst: Materialwirtschaft: Organisation – Planung – Durchführung – Kontrolle, 9. Aufl., Gernsbach 2005

Ders.: Modernes Einkaufsmanagement – Global Sourcing – Methodenkompetenz – Risikomanagement, 2. Auflage, Gernsbach 2014

Ders.: Lieferantenmanagement: Gestaltungsfelder – Methoden – Instrumente, 3. Aufl., Gernsbach 2015

Ders.: Wie kalkuliert Ihr Lieferant?, 3. Auflage, Gernsbach 2015

Hartmann / Orths / Kössel: Lieferantenbewertung – aber wie?, 5. Auflage, Gernsbach 2013

Hoppe, Marc: Bestandsoptimierung mit SAP, 2. Auflage, Walldorf 2008

Jähnel, Meik: Automatischer Nachschub spart Zeit und Kosten, in: BIP Spezial eSolutions Report 2013

Kemmner, Götz-Andreas: Nachhaltiges Bestandsmanagement, in: Beschaffung aktuell, Nr. 12, Leinfelden 2015

Kerkoff, Gerd, u. a.: Einkaufsagenda 2020 – Beschaffung in der Zukunft, Weinheim 2010

Mühlberger, Anette: Der Lieferkette auf den Puls gefühlt, in: BIP Nr. 5, 2014

Orths, Heinrich: Einkaufscontrolling als Führungsinstrument – Tipps und Tools für den Erfolg, 2. Auflage, Gernsbach 2009

o. V.: Großes Optimierungspotenzial, in: Beschaffung Aktuell, Nr. 4, Leinfelden 2013

Schwarz, Andreas: Cloud Procurement: Software wie Wasser und Strom, in: Beschaffung aktuell, Nr. 1, Leinfelden 2011

Stichwortverzeichnis

A-Artikel 57, 63, 72, 130
ABC-Analyse 53, 56 ff., 81, 133
Absatzplanung 70 f., 137
Absatzprognose 32, 97, 138
Abteilungsegoismen 30, 38
Abweichungsanalyse 44, 47 f., 81, 127
Alphafaktor 105
Altersstruktur-Analyse 65, 81
Andlersche Formel 112
Anlagevermögen 26, 28
Anspannungskoeffizient 28
Artikel 45 f., 57, 61 ff., 75 f., 81, 91, 105 f., 112 ff., 122 f., 133 f.
Ausfallrisiko 34
AX-Artikel 62
AZ-Artikel 62
B-Artikel 57, 72, 106
Bearbeitungszeit 52, 74, 76, 118
Bedarfsrechnung 72, 83, 92, 95 f.
Bedarfsservice 119 f., 127
- deterministisch
- stochastisch
Beschaffungslogistik 14, 93
Bestände ohne Bewegung 128, 133
Bestandscontrolling 47 f., 64, 91, 127, 133 f.
Bestandskosten 15, 19 f., 45, 49, 52 f., 106, 114
Bestandsmanagement 14 ff., 24 f., 30, 37, 44, 47 f., 53, 55, 57, 62, 79, 85 f., 90 f., 122, 132, 137, 139 f.
Bestandsniveau 15, 19, 30, 32, 36, 44, 114, 124
Bestandsoptimierung 14 f., 29, 37, 49, 55, 58, 60, 62, 73, 82 ff., 87, 90
Bestandsplanung 67
Bestandspolitik 37, 59, 79
Bestandsreduzierung 19, 36, 46, 53 f., 62, 78 f.
Bestandssenkungsappelle 55 f.
Bestandssenkungsteam 53, 80 f.
Bestandsüberhänge 134
Bestandsursachen 14, 97
Bestandsverantwortung 37, 65
Bestellbestand 107
Bestellkosten 112 ff., 123
Bestellpunktdisposition 72, 83, 93, 107 f., 111
Bilanzkennzahl 25
Bilanzsumme 15 f., 21, 28, 53, 128
Bodensatz 128, 133 f.
C-Artikel 46, 72, 106, 108, 126
Cash-Analyse 53
Cash-Flow 18, 29
Checklisten 68 f.
Cloud Procurement 50, 140
Controlling 37, 47, 53 f., 80, 132, 135, 137 f.
Cooperative Engineering 78
C-Teile-Management 45, 75, 91, 106
Deltafaktor 102, 105
Dienstleister 46, 51 f., 60, 75, 84, 86 f., 91
Dispositionsparameter 128, 134
Dispositionsqualität 90, 93, 107, 122
Dispositionsverfahren 72, 92, 106 f.
- programmgesteuerte 59, 106
- verbrauchsgesteuerte 106, 112
Durchlaufzeiten 52, 71, 91, 136
durchschnittlicher Lagerbestand 129 f.
dynamische Planungsrechnung 117
Eigenfertigung 81, 84, 90, 120

Eingriffsgrenzen 137
Einkaufsdienstleister 122
Engpassmanagement 91
Entsorgung 19, 40, 128
Entwicklung 15, 19, 32, 43, 52, 65 ff., 75, 77, 80, 91, 93,
Entwicklungspartnerschaften 78
Excel 138
Exponentielle Glättung
1. Ordnung 99 ff., 106, 108, 123
Fehlmengenkosten 36
Fertigung 22 f., 29, 33, 36 f., 52, 66, 71, 75, 78 f., 137
Fertigungssteuerung 49, 71, 73
Folgekosten 52
Forderungsmanagement 26
Früherkennung 34, 52
Glättungsfaktor 99, 101 f., 104 f., 108, 123
s. auch Alphafaktor
Global Manufacturing 50
Global Sourcing 33, 50, 53, 75, 79, 140
Hebelprodukte 33
Herstellkosten 22 f.
Insolvenz 26, 34
Ist-Eindeckungstermin (TEIST) 124, 132
Ist-Lagerreichweite 133
Jahresabschluss 28
Just in Time Lieferung 29, 59, 62, 70, 75
Kanban 76, 86
Kapitalbindung 15, 22 f., 49, 92, 106, 129
Kapitalrendite RoI 20 f.
Kapitalrentabilität 20 f.
Kapitalumschlag 20 f., 53 f.
Kennzahlen 26, 48, 73, 127 ff., 132 f., 135 ff.
Konsignationslager 36, 52, 70, 75, 82, 87, 92

Konsignationslagervertrag 88 f.
Konstruktion 67 f., 75, 77 ff.
Koordinationsaufwand 40, 51
Kosten der Vorratshaltung 19 f.
Kostenausgleichsverfahren 115 ff.
kritischer Erfolgsfaktor 32, 46
Kunden-Lieferantenbeziehungen 37, 45, 52, 84
kurzfristiges Fremdkapital 26 f.
s. auch kurzfristige Verbindlichkeit
kurzfristige Verbindlichkeit 27 f.
s. auch kurzfristiges Fremdkapital
Ladenhüter 67
Lagerbestand 19, 21, 23 f., 50, 63, 87, 92, 107, 119, 129 f., 132, 134
Lagerdauer 118, 129 ff.
Lagerhaltungskosten 19, 53, 112 ff., 119, 121 ff., 126, 129
Lagerhaltungskostensatz 20, 53, 113 f., 118, 123 f.
Lagerhöchstbestand 112
Lagerhüter 65, 77
Lagerkapazität 134
Lagerkosten 19, 117 f.
Lagerreichweite 63, 129, 131 ff.
Leistungsfähigkeit der Lieferanten 82
Lieferantengesteuerte Bestandsoptimierung 84
s. auch Vendor Managed Inventory
Lieferantenbewertung 44, 140
Lieferantencontrolling 44
Lieferantendaten 43
Lieferantenintegration 78
Lieferantenkooperation 45
Lieferantenlager 122
Lieferantenmanagement 44 ff., 53, 79
Lieferantenpartnerschaft 45
Lieferantenpyramide 45 f.

Lieferantenreduzierung	46
Lieferbereitschaft	47, 92, 103, 119 ff., 127
Lieferbereitschaftsgrad	119
s. auch Servicegrad	
Lieferfähigkeit	14, 33
Lieferperformance	138
Lieferzeiten	42, 70, 74
Lieferzuverlässigkeit	43 f.
Liquidität	18, 25 f., 45, 54, 92, 132
Liquidität 3. Ordnung	26, 28
Liquiditätskennzahl	26, 28
Liquiditätsrisiko	28
Liquiditätsschwierigkeiten	26
Lieferkette	47, 84, 136, 138 f.
Logistik	30, 39 ff., 48, 50 f., 55, 78, 85, 127, 136 f.
Logistikstrategie	82, 122
Look-ahead-Abfrage	124 f.
Losgrößen	92, 111, 118, 123, 127
losgrößenfixe Kosten	112, 114 ff.
s. auch Bestellkosten	
Losgrößenoptimierungsrechnung	72, 113
Losgrößenrechnung	110 ff.
Losgrößenverfahren nach Groff	117 f.
maximale Bestellmenge	126
maximale Losgröße	110
Meldebestand	107 ff.
Mindestlosgröße	110
Monitoring	136 ff.
Multiple Sourcing	33
Nettobedarfsrechnung	110, 113
Net-Working-Capital	29
Notfallplan	32, 35
offene Bestellungen	107
s. auch Bestellbestand	
Operativer Einkauf	80
optimale Bestellmenge	92, 123, 126
Optimale Stück-Tage	123 f.
Parameteroptimierung	90
Parameterpflege	91
Part-Period-Verfahren	115
s. auch Stück-Perioden-Ausgleichsverfahren	
Part-Period-Wert	123, 126
passive Rechnungsabgrenzungsposten	27
periodische Verfahren	111
Planlieferzeit	118, 120
Potenzialanalyse	36, 46, 80 f.
PPS-System	37, 50
Präventivmaßnahmen	32, 139
Produktionsplanung	84, 90
Prognosefehler	72, 100 ff., 120
Prognosemodelle	97, 99 ff., 108
Prognosesicherheit	139
Prognosequalität	95, 97, 106
Projektgruppe	21
Querschnittsfunktion	40
Reaktionszeit	40, 52
Recycling	19, 128
Reichweiten	63 f., 72, 85
Rentabilität	92
Restriktionen	110 f.
Return on Investment	21
s. auch RoI	
Reverse Kunden-Lieferantenbeziehungen	37, 45
Risikomanagement	47, 50
RoI	20 f.
s. auch Return on Investment	
Rückstellungen	27 ff.
SAP	60, 62, 79, 99, 105, 115, 138
Schlüsselprodukt	33, 81
Schnelldreher	135
Schnittstellen	39 f.
Schnittstellenproblematik	39
Schwachstellenanalyse	68 f., 129
Schwankungskoeffizient	61, 123

Servicegrad 71, 79, 82, 102, 119 ff., 127
s. auch Lieferbereitschaftsgrad
Sicherheitsbestand 107 f., 119 ff.
Sicherheitsfaktor 120 f.
Sicherheitszeit 132
Simultaneous Engineering 78
Single Sourcing 33, 46
Software 37, 50, 62, 79, 91, 101, 105
Soll-Lagerreichweite 63, 132
Sourcing-Strategien 82
Standardabweichung 120
Standardisierung 67
statistische Verfahren 111 f.
Stellhebel 112
Steuerung 14, 25, 37 f., 40, 48, 127, 139
Strategischer Einkauf 35, 39, 50, 52, 79, 93 f.
Stück-Perioden-Ausgleichsverfahren 115 f., 123 ff.
s. auch Part-Period-Verfahren
Stückservice 127 f.
Supply Chain Management 25, 30, 38
Supply Chain Performance 127
Systemlieferant 75, 136
Szenarioplanung 139
Überbestände 24, 64, 133
Umlaufvermögen 25 ff.
Umsatzrentabilität 20 f., 53 f.
Umschlagshäufigkeit 129 f., 135, 137 f.
Unterdeckungsmenge 110 ff.
Unternehmensergebnis 18 f.
Ursachen hoher Bestände 24, 31

variable Kosten 19
Variantenvielfalt 66 f., 78 f.
Vendor Managed Inventory 42, 84 f.
s. auch lieferantengesteuerte Bestandsoptimierung
Verbindlichkeitenmanagement 26
Verbrauchsmodelle 99
verfügbarer Bestand 107, 111
Verkauf 19, 37, 71, 80, 128
Vermögens- und Bestandsstruktur 18
Verschrottung 126
Versorgungskette 32, 38
Versorgungsrisiko 15, 32 f., 35 f., 81, 135
Versorgungssicherheit 32 ff., 46, 63, 94, 106, 135
Vertrauen 45, 84, 135
Vertriebslogistik 39
Vormerkbestand 107
Vorratshaltung 19 f., 44, 92, 127
Vorratsintensität 28, 53, 128
Vorratsplan 92
Vorratspolitik 72 f., 76, 92, 132
Wertschöpfungsprozess 14, 29
Wertzuwachskurve 22 f.
Wiederbeschaffungszeit 33, 52, 64, 73, 81 f., 107 f., 110, 120
Wissensmanagement 32
Working Capital 25 f., 28 f.
Working Capital Management 25 f., 29
XYZ-Analyse 25, 48, 56 f., 60 ff., 72, 79, 81, 92, 122, 128
Zinsaufwand 15, 19 f., 114
Zulassungsvoraussetzungen 43

Printed by Libri Plureos GmbH
in Hamburg, Germany